GUERRERO
de
ORACIÓN

STORMIE
OMARTIAN

Publicado por
Unilit
Miami, FL 33172

© 2014 Editorial Unilit (Spanish translation)
Primera edición 2014

© 2013 por Stormie Omartian
Originalmente publicado en inglés con el título:
Prayer Warrior por Stormie Omartian.
Publicado por Harvest House Publishers
Eugene, Oregon 97402
www.harvesthousepublishers.com
Todos los derechos reservados.

Traducción: *Mayra Urízar de Ramírez*
Diseño de la cubierta: *Harvest House Publishers, Eugene, Oregon*
Fotografía de la autora: © *Harry Langdon*

Producto 495838 • ISBN 0-7899-2109-X • ISBN 978-0-7899-2109-3

Impreso en Colombia /*Printed in Colombia*

Categoría: Vida cristiana /Crecimiento espiritual /Oración
Category: Christian Living /Spiritual Growth /Prayer

Este libro está dedicado a los guerreros de oración de todo el mundo, en especial a los que se me han acercado en donde he estado y me han susurrado: «Yo también soy un guerrero de oración».

Sabes quién eres, pero nunca sabrás cuánto confortó eso mi corazón, y lo agradecida que estoy de que tú estés conmigo en el muro.

Contenido

1. Comprende que hay una guerra y que estás en ella 7

2. Conoce a tu Comandante y ponte de su lado 27

3. Reconoce quién es tu verdadero enemigo 39

4. Asegúrate de tu autoridad en oración 59

5. Prepárate para ser todo lo que puedes ser 75

6. Ponte tu armadura protectora cada mañana 95

7. Conviértete en un experto en tus armas espirituales... 111

8. Involúcrate en la guerra con la certeza de que
   el tiempo es corto 129

9. Identifica el campo de batalla más cercano 143

10. Sigue las órdenes de Dios para resistir al enemigo 159

11. Observa lo que sucede desde la perspectiva de Dios .. 177

12. Haz las oraciones que debe saber cada
    guerrero de oración...199

Hijitos, vosotros sois de Dios,
y los habéis vencido;
porque mayor es el que está en vosotros,
que el que está en el mundo.

1 JUAN 4:4

1

COMPRENDE QUE HAY UNA GUERRA Y QUE ESTÁS EN ELLA

Viví en el sur de California por más de cuatro décadas y estuve presente en los peores terremotos de ese período. Nunca me acostumbré a ellos. Para mí eran más aterradores que cualquier otra cosa. Eso se debe a que ocurrían de repente, sin ninguna advertencia, y no tenías idea de cuánto durarían, qué tan fuerte serían, ni cuánto daño ocasionarían. Algunos terremotos eran tan violentos que ni siquiera podía llegar a una puerta, ni meterme debajo de una mesa, como se nos instruía. En ocasiones como esas, cuando ocurre un terremoto fuerte, se siente que tu vida está por completo fuera de control. No sabes si vas a morir, si vas a quedar enterrado vivo o si vas a quedar muy herido. O, como lo esperas, escapar sin que suceda nada de lo anterior.

Los edificios que sobrevivían a esos grandes terremotos tenían un fundamento sólido y estaban fortalecidos de manera específica para soportar temblores violentos. Cuando por fin California estableció códigos de construcción específicos, la gente sabia era consciente de cuáles edificios eran esos y si estaba en uno de ellos.

La situación que más se temía era que el terremoto ocurriera en la oscuridad de la noche, mientras dormías. Era un despertar cruel en las tinieblas, porque se cortaba la electricidad y no podías ver nada en lo absoluto. Aunque *no* se cortara la electricidad, no había manera de llegar a una fuente de luz mientras la habitación temblaba con violencia, a menos que mantuvieras una linterna debajo de tu almohada. Aun así, tratar de aferrarse a la misma podría ser casi imposible, dependiendo de la magnitud.

El peor terremoto que recuerdo haber pasado ocurrió cuando vivía sola en un apartamento en Studio City, por Laurel Canyon, en Hollywood. Ocurrió a media noche mientras dormía profundamente en mi habitación. Vivía en la planta baja de un complejo de dos pisos que tenía cuatro apartamentos, construido antes de que se establecieran e implementaran los códigos de construcción para los sismos. Aunque solo había un piso arriba, sabía que era posible que mi apartamento colapsara bajo el peso de ese piso. Si el apartamento de arriba caía sobre el mío, todo habría acabado para mí. Años antes, vi con mis propios ojos los escombros de un evento similar, *después* de ocurrido, y nunca lo he olvidado.

Todo estaba claro en mi mente cuando ese terremoto golpeó de manera repentina, violenta y ruidosa. Traté de abrirme paso a fin de salir de la habitación y luego por el pasillo corto hasta la puerta que daba a la sala, pues al menos por allí podría tener la oportunidad de salir por la puerta principal que daba al césped, lejos de cualquier cosa que cayera con las réplicas. Sin embargo, había demasiadas ventanas en la sala, en la parte delantera del apartamento, incluyendo las ventanas francesas en la mitad superior de la puerta principal, con el fin de hacer el intento de escapar, mientras que el suelo seguía temblando con violencia. Pensé que si solo pudiera estar lo más cerca posible de esa puerta principal sin que me golpearan los vidrios que volaban, quizá podría lograr salir antes de que se derrumbara todo el edificio. A juzgar por lo fuerte que temblaba el apartamento, un desplome parecía una posibilidad inminente.

Mientras daba traspiés por el pasillo corto, me topaba violentamente con las paredes de un lado a otro y me golpeaba el hombro izquierdo y, luego, el derecho cada vez. Por encima del ruido ensordecedor del terremoto y del temblor del edificio, pude oír que mis platos caían de los armarios en la cocina y se estrellaban en el suelo. Mis lámparas se golpeaban con fuerza en las paredes. Cuando la tierra y todo lo que te rodea tiembla, cada segundo parece una eternidad, en especial si no estás en un lugar construido sobre una base sólida de acuerdo a códigos de construcción comprobados y confiables.

Cuando me sucedió esto, yo no tenía una relación personal con Dios, pero desesperadamente traté de establecerla en ese momento. Aun así, sentía a Dios distante y absorto. Estar aterrorizada y sola se había convertido en una forma de vida para mí, después que me criara una madre fuera de control y enferma mental en una hacienda aislada de Wyoming, a kilómetros de distancia del vecino o pueblo más cercano. En cambio, soportar sus abusos y estar bajo llave en un armario en ausencia de mi padre, no se comparaba con la experiencia de este terremoto. Por lo menos en el armario tenía la esperanza de salir. Pensé que no saldría viva de ese terremoto y no tenía a nadie a quién *acudir* ni *orarle*.

En efecto, no tenía ese lugar de paz que se puede encontrar en el Señor incluso en las circunstancias aterradoras. Es más, en ese entonces nunca había oído de algo así.

Salí de ese terremoto sin ninguna herida grave, pero en el momento que se detuvieron los temblores, tomé mi bolso y las llaves del auto y me fui a alojar con una amiga antes de que comenzaran las réplicas. Era demasiado peligroso y aterrador quedarme otro momento allí, porque el lugar todavía podía desplomarse.

Camino a la casa de mi amiga, las réplicas eran tan violentas que lanzaban a mi auto de un lado a otro por todo el camino como si fuera un juguete. ¡Vaya paseo aquel! Todavía no has vivido lo suficiente si no has conducido un auto mientras el pavimento abajo sube y baja como una sábana delgada en una violenta tormenta de viento, y se resquebraja con grietas tan profundas que temes que una de ellas te trague. Estaba asustada por completo. Las réplicas pueden ser tan espantosas como el terremoto en sí, en especial porque sabes que todo lo que te rodea ya está débil.

Me quedé con mi amiga unos días hasta que terminaron las réplicas. Entonces, en cuanto me sentí lo bastante segura como para hacerme cargo de mi apartamento, empaqué lo que no se rompió y me fui de allí. No mucho después me casé con alguien solo para no tener que estar así de sola y aterrorizada otra vez. El matrimonio ni siquiera duró dos años. Al segundo año, recibí al Señor y a mi esposo no le gustó eso, y con términos muy claros declaró que no se me permitía siquiera pronunciar el nombre de Jesús en su casa. Eso fue como decirle a alguien que se moría de sed que no se le permitiría volver a beber agua jamás. Fue la gota que derramó el vaso en un matrimonio desastroso. No pudimos reconciliarnos después de eso. Otra vez estaba sola, pero por primera vez en mi vida sentía como que no lo estaba. Había estado muerta, pero ahora estaba viva. Y había encontrado un pozo de agua viva que nunca se seca.

En el transcurso de los años desde entonces, me he dado cuenta de que nuestra vida espiritual se parece mucho a mis circunstancias en la época de ese terremoto. Si no hemos construido sobre un fundamento sólido, según los códigos de construcción verificados y estables, no podemos permanecer seguros, sanos y salvos durante las sacudidas y las conmociones que ocurren *en* nosotros y *alrededor de* nosotros. ¿Y quién no ha sentido esas sacudidas? Todo parece ser inestable en nuestro mundo: el tiempo, los gobiernos, el ambiente, el trabajo, las relaciones, la salud, el matrimonio, los hijos, la mente y las emociones... la lista es interminable. Sin embargo, lo cierto es que aunque estas cosas ocurran a nuestro *alrededor* o *a* nosotros, podemos tener más control de nuestra vida de lo que cree la mayoría de la gente. De modo que se requiere que se tenga la edificación y el fundamento adecuados, y según un código específico.

Cómo se construye un fundamento sólido

En primer lugar, nunca nos diseñaron para edificar nuestra vida por nuestra cuenta. No nos diseñaron para hacer todo lo necesario con el fin de que nuestra vida sea lo que queremos que sea. Nuestra vida no se diseñó para estar fuera de control. Tampoco nos formaron para vivir con temor. En su lugar, a todos nosotros nos crearon para estar bajo el control de *Dios*. Nos diseñaron para *rendirle* nuestra vida al Señor e invitarlo a que haga de nosotros lo que quiere que seamos. Nos hicieron para caminar con Él en cada situación, disfrutando de su paz que sobrepasa todo entendimiento. Es posible establecer nuestra vida en un fundamento tan sólido que, sin tener en cuenta lo que suceda a nuestro alrededor, *no seamos sacudidos.* Para hacerlo, nuestra vida debe estar edificada sobre la Roca. La Biblia dice: «Porque nadie puede poner otro fundamento que el que está puesto, el cual es Jesucristo» (1 Corintios 3:11).

Jesús dijo: «Todo aquel que viene a mí, y oye mis palabras y las hace, os indicaré a quién es semejante. Semejante es al hombre que al edificar una casa, cavó y ahondó y *puso el fundamento sobre la roca*; y cuando vino una inundación, el río dio con ímpetu contra aquella casa, pero *no la pudo mover, porque estaba fundada sobre la roca*» (Lucas 6:47-48).

La Roca sólida es Jesús. Su presencia en tu vida influye en cada aspecto de la misma.

La Roca sólida también es la Palabra de Dios. A Jesús se le llama la *Palabra viva.* Eso se debe a que Jesús *es* la Palabra. Jesús y su Palabra son inseparables. No puedes tener lo uno sin lo otro. Jesús y su Palabra son el fundamento sólido sobre el que podemos edificar y establecer nuestra vida.

Cuando recibimos a Jesús, Él nos da su Espíritu Santo para que viva en nosotros, que es el sello que indica que le pertenecemos. El Espíritu Santo nos permite practicar lo que enseña la Palabra. Es la manera en que Dios nos transforma y obra de manera profunda en nuestros corazones a fin de establecernos, asegurarnos y fortalecernos. Jesús, la Palabra de Dios, y el Espíritu Santo de Dios en nosotros, nos ayudan a permanecer firmes, sin importar cuánto tiemble, se desmorone o derrumbe lo que nos rodea. (Más información acerca de esto la encontrarás en el capítulo 2: «Conoce a tu Comandante y ponte de su lado»).

Hay una guerra en curso

Si eres creyente en Jesús y lo recibiste como tu Salvador, estás en el cuerpo de Cristo. Eso significa que estás en la guerra espiritual entre Dios y su enemigo. Aun si *no* has recibido a Jesús, estás en la guerra. Lo que pasa es que no lo sabes todavía y, por lo tanto, no tienes control de las cosas que te ocurren. Es posible que el enemigo de tu alma pueda dispararte y que salgas herido con el fuego cruzado sin darte cuenta siquiera de lo que sucede. Podrías tener problemas: algún accidente o una enfermedad tras otra; fracaso en el matrimonio, problemas con las relaciones, problemas en el trabajo o problemas financieros; tormento mental; consecuencias por malas decisiones; rebeldía de los hijos; una vez más, la lista es interminable. Puedes pensar que solo se trata de mala suerte, pero no es así. Es el fuego cruzado de un enemigo que no sabes que tienes.

Los creyentes también pueden sufrir con el fuego cruzado, pero eso se debe a que no entienden que hay una guerra en curso y que están en ella. El enemigo del alma y la vida derriba a demasiados creyentes, pero ellos creen que las cosas malas les ocurren solo porque la vida es así. De ahí que no participen de manera activa en la guerra, a pesar de que son los que sufren las consecuencias por los efectos de esa guerra. Los atacan y quedan heridos e incapacitados porque están desprevenidos por completo para enfrentar la oposición del enemigo. Están desinformados en su totalidad acerca de cómo hacer la batalla.

El enemigo de Dios es tu enemigo

Podrías pensar que no estás en guerra con nadie, pero no tienes que estar en guerra con alguien a fin de que estén en guerra *contigo*. Puedes *pensar* que tu enemigo espiritual no existe y que, por lo tanto, no estás en guerra con él, pero lo cierto es que no importa lo que pienses, tienes un enemigo que siempre se opone a ti. Una de sus tácticas favoritas es convencerte de que no existe y, por lo tanto, no es una amenaza. Es el maestro del disfraz. Hasta se disfraza de ángel de luz. Imagina lo engañoso que puede ser si no puedes identificar una falsificación.

Puede que estés deduciendo: *No quiero pensar ni hablar del enemigo*. Yo tampoco. Y no tenemos que hacerlo... mucho. Entonces, de seguro que lo mejor es que reconozcamos que existe y que está

decidido a destruirnos. Será mejor que nos demos cuenta de que
así como Dios tiene un plan para nuestra vida, el enemigo lo tiene
también. Y es el de robar, matar y destruirnos. También debemos
reconocer que Dios nos ha dado una forma de dominar al enemigo
y sus malas obras de las tinieblas en nuestra vida. Si no entendemos
eso, si pasamos por alto al enemigo o pretendemos que no existe,
sus planes pueden tener éxito.

Como creyente, ya estás involucrado en una guerra espiritual,
ya sea que te des cuenta, que lo sepas, que lo aceptes o que lo reconozcas o no. Podrías pensar que algunas de las cosas difíciles que te
pasan a ti o a otras personas, o que son evidentes en las situaciones
en el mundo que te rodea, son puras coincidencias o mala suerte,
pero es mucho más siniestro que eso. Estas cosas son el resultado
de la planificación de un enemigo, y él es el enemigo de Dios y de
todos sus hijos. Es decir, tú y yo. Podrías pensar que no estás en la
guerra, pero lo estás. Podrías pensar que no tienes que involucrarte
en la batalla, pero tienes que hacerlo. Muy a menudo, cuando la
gente pelea en oración para que prevalezca la voluntad de Dios en
una batalla específica, cree que cuando se ganó la batalla se ganó
la guerra. *Sin embargo, la guerra nunca termina porque el enemigo
jamás tiene un día bueno ni va a ser amable contigo.*

Puedes hacer a un lado esa realidad, pero todavía está allí. Y,
entonces, un día te das cuenta de que *te* ocurren cosas malas. Te
están zarandeando y eso afecta *tu* vida de forma severa, y no estás
preparado para hacer algo al respecto.

*La manera en que respondes al enemigo de tu alma determina si se
lleva a cabo su plan para tu vida o el plan de Dios.*

La mayoría de los creyentes reconoce que tiene un enemigo.
Han leído la Biblia y conocen esa parte. Además, oran para que prevalezca la voluntad de Dios. Aun así hay muchas batallas en la vida
y Dios nos llama a los creyentes en Él para que vayamos a la batalla
como guerreros de oración por su Reino. Esto no es solo para unos
cuantos selectos. Ni para los más espirituales. Ni solo para los que
les gusta esa clase de cosas o que no tienen nada que hacer. Él llama

a *todos* los creyentes para que estén activos en la guerra espiritual. Podrías decir que naciste de nuevo en el ejército de Dios.

No podemos darnos el lujo de pensar como un tonto: *Si no reconozco que tengo un enemigo, nunca tendré que relacionarme con él de ninguna manera. Puedo permanecer fuera de la guerra completamente.* Si ese eres tú, puedo decirte con buenos modales y amor: ¡Estás soñando! ¡Estás viviendo en una fantasía! El enemigo tiene un plan para tu vida y Dios también. ¿Qué plan quieres que tenga éxito? Dios te da el libre albedrío y te permite elegir su voluntad en tu vida. Al enemigo le importa un bledo tu libre albedrío, siempre y cuando pueda influir en ti para que lo tuerzas en dirección de su plan para tu destrucción. Conozco gente que cree que si nunca reconoce que el enemigo siquiera existe, y en especial si no toman en consideración que el enemigo de Dios es su enemigo también, nunca participará en ninguna batalla, ya no digamos en la guerra. Sin embargo, los que niegan la guerra, no quieren verla, no la tienen en cuenta o huyen de la misma, están destinados a perderla.

Permíteme repetirlo.

La verdad es que ya estamos en la guerra. La guerra nunca termina hasta que nos vayamos con el Señor. Será mejor que resistamos y luchemos de la manera en que Dios quiere que lo hagamos.

He leído toda la Biblia muchas veces y conozco el final de la historia. En la guerra entre Dios y su enemigo, el que gana es Dios. No es como en las guerras terrenales donde la gente espera y ora para ganar. En esta guerra tenemos victoria sobre el enemigo, pero todavía tenemos que luchar en cada batalla a fin de ver que llegue la victoria.

Cada batalla se inicia con oración.

La oración es la batalla en sí.

Durante la Segunda Guerra Mundial, las imágenes que colocaban en todas partes eran las que mostraban a un hombre vestido con traje rojo, blanco y azul y que te señalaba directamente al mirar la foto. La leyenda decía: «El Tío Sam te quiere». El Tío Sam, que se refería a los Estados Unidos, quería hombres y mujeres para que lucharan en el ejército. Hay una imagen similar que debes grabarte en la mente, y esa es la de Jesús que te mira y señala con el dedo hacia ti, diciendo: «Dios Padre te quiere». Dios quiere que luches en su ejército. ¿Responderás a ese llamado?

No tienes que temerle a la terminología de la batalla. No hay razón para temerle a las palabras como «guerrero», «guerra», «armas» y «armamento». Esta es una batalla espiritual. Es tan real como las batallas carnales que se emprenden en la tierra hoy en día, aunque en una guerra espiritual la manera en que peleas es orando. Eso no es aterrador. El ejército de Dios es el único en el que te puedes alistar, pero en realidad no tienes que ir a ninguna parte. El momento en que dices: «Cuenta conmigo, Señor. Quiero unirme a otros guerreros de oración para ver que tu voluntad se haga en la tierra», estás en servicio activo. Cuando Dios pone en tu corazón a una persona, grupo, vecindario, ciudad u otro país, te ha conectado con ellos en el Espíritu y puedes interceder a su favor. Estás activo como un guerrero de oración en el momento que pones palabras a tus sentimientos profundos y se lo dices a Dios. Tu corazón se desplazará a donde Dios te envíe en oración.

El corazón de un guerrero de oración

Si eres alguien que piensa que quizá no tengas lo que se requiere para ser un guerrero de oración, o si te preocupa el hecho de que ser un guerrero de oración es muy difícil, o si crees que no tienes tiempo para eso, te haré las siguientes preguntas:

¿Ves personas sufriendo y eso te incomoda? ¿Quieres hacer algo para aliviar ese sufrimiento y te sientes incapaz de hacer lo suficiente? Si es así, tienes el corazón de un guerrero de oración.

¿Reconoces que el mal prolifera en el mundo? ¿Anhelas encontrar una manera de detener esa destrucción en la vida de la gente? Si es así, tienes el corazón de un guerrero de oración.

¿Experimentas cualquier injusticia en tu vida o puedes identificarla en la vida de otros? ¿Ves que la injusticia avanza de una manera

incontrolable? ¿Te molesta y te gustaría tener una forma de cambiar eso? Si es así, tienes el corazón de un guerrero de oración.

¿Observas que pasan cosas malas a tu alrededor y quieres corregirlas? ¿Reconoces que la cultura del odio aumenta más y eso te molesta? Si es así, tienes el corazón de un guerrero de oración.

¿Sientes carga en el corazón por una persona en particular y te preo-cupa pero no estás seguro por qué? ¿Conoces gente que está pasando por situaciones muy difíciles y quieres hacer algo para ayudarla pero no sabes cómo? Si es así, tienes el corazón de un guerrero de oración.

¿Observas que a la gente le pasan cosas trágicas y te sientes impotente para hacer algo para detenerlas? ¿Alguna vez quisieras haber hecho algo que pudiera haber prevenido esa tragedia? Si es así, tienes el corazón de un guerrero de oración.

¿Se entristece tu espíritu cuando ves el desdeño evidente hacia Dios y sus caminos? ¿Tienes simpatía por la gente que no reconoce su necesidad del Señor pero te sientes impotente para influir en sus vidas de alguna manera? Si es así, tienes el corazón de un guerrero de oración.

Es más, si dijiste que sí a *cualquiera* de las preguntas anteriores, tienes el corazón de un guerrero de oración. El hecho de conver-tirse en guerrero de oración *comienza* en el corazón, a veces sin que siquiera seas consciente de esto.

Un guerrero de oración tiene un corazón de compasión por la gente que sufre y por las situaciones malas, y desea hacer algo para marcar la diferencia.

Cuando le dices a Dios que te estás presentando para el servi-cio como su guerrero de oración, Él pondrá gente o situaciones específicas en tu corazón por las que quiere que ores. No tienes que buscarlas, a menos que te sientas guiado a hacerlo, porque esas necesidades se te darán a conocer en seguida. Por ejemplo, al igual que tú, tengo muchas situaciones y personas en mi corazón que me preocupan. Aparte de ir a la batalla en la oración por mi pro-pia vida y las vidas de los miembros de mi familia, amigos, vecinos, compañeros de trabajo y personas concretas que conozco que necesitan que alguien luche por ellas en oración con respecto a las cosas que enfrentan, hay serios problemas de otros en el mundo que sobresalen en mi corazón por encima de todo lo demás.

Un ejemplo es que no puedo tolerar que se lastimen a los niños. No puedo soportar oír de otro niño que secuestraron, maltrataron, sufrió de acoso sexual o que lo asesinaron. Entonces, cuando el Señor trae esa clase de situación a mi mente, oro por protección para los niños. Oro para que a cualquiera que lastime a un niño, de cualquier manera, lo encarcelen y no lo liberen para que vuelva a hacer daño. Oro para que se descubran a los abusadores y acosadores sexuales de niños y que los atrapen *antes* de que logren sus planes infernales. Oro de manera específica para que la gente involucrada en el rescate de esos niños pueda capturar a los agresores malvados *antes* de que puedan atacar otra vez. He reconocido ante Dios que estoy a su servicio como guerrera de oración y sé que Él ha puesto esto en mi corazón de una manera grande.

Otro asunto que está fuertemente en mi corazón es el mercado de la esclavitud sexual. Me parece impensable que los hombres, cuyos corazones están dominados por el mal y la avaricia, capturen chicos y chicas y los vendan a otros hombres que en realidad pagarán por abusar de ellos a fin de satisfacer sus propios deseos egoístas y despreciables. Ningún ser humano decente puede saber que ocurre esto y decir que no hay maldad en el mundo. Por lo que oro para que Dios abra un medio de escape para estas víctimas jóvenes, que les envíe gente piadosa que los ayude a dejar esa vida infernal y que encuentren la restauración que el Señor pone a su disposición. Oro para que los trabajadores que están tratando de liberar a estos jóvenes tengan el favor de Dios y un éxito milagroso. Oro para que los hombres malvados involucrados en esta farsa queden al descubierto, los declaren culpables en toda forma posible y que se destruyan sus obras del infierno.

¿Cómo podemos saber cosas como estas y *no* orar?

Como guerreros de oración, debemos recordar que no importa lo desesperada que quizá nos parezca una situación, Dios nos da poder en la oración para hacer algo al respecto. *Podemos* sentirnos abrumados por eso, pero Dios no. Es posible que no veamos una salida, pero *Dios* sí la ve. Gracias a Él, *¡podemos marcar la diferencia!*

Puedes orar solo, pero no debes pelear solo

La única razón por la que el mundo disfruta un poco de paz y bendición es porque hay hombres y mujeres piadosos que oran. La mayoría de la gente no tiene idea de eso. Andan alegremente, sin darse cuenta en lo más mínimo de que disfrutan del fruto, de la bendición, de la seguridad, de la felicidad y del éxito que tienen por la gente que toma en serio la oración. Creen que se debe al buen karma, a la buena suerte o los buenos genes (sí, en realidad he oído a personas que me dicen eso). Sin embargo, su buena vida no se debe a ninguna de esas razones. Es el resultado de guerreros de oración que hacen el trabajo que Dios los ha llamado a hacer: orar e interceder a medida que los guía su Espíritu Santo. Y no solo llaman a unos pocos. *Todos* tenemos el llamado a orar. Lo único es que muy pocos escuchan. *Tú escuchas*, de otra manera ni siquiera estarías leyendo esto.

Después de aquel horrible terremoto que te conté, y después que me convertí en creyente, descubrí que en Los Ángeles hay muchos guerreros de oración que oran de forma específica por las fallas geológicas. Sienten con mucha fuerza que el Espíritu Santo los guía a hacerlo. Oran para que no ocurra el «grande» que se ha predicho por décadas. O si tiene que ocurrir un levantamiento sísmico, que en lugar de eso ocurran pequeños temblores. Hablé con dos mujeres que estaban en ese grupo y, en efecto, van a los lugares donde se informa que están las fallas y oran allí. No sé cuánta gente ora así en Los Ángeles. No les pregunté. Solo hablaba de terremotos cierto día, y estas amables señoras me lo contaron. No buscaban elogios. Solo me lo dijeron porque me preocupaban los terremotos.

Por años me pregunté por qué no moría más gente en los terremotos allí, considerando sobre todo la violencia de algunos de ellos. Ahora creo que es la respuesta de Dios a las oraciones de los guerreros de oración. He estado en muchos terremotos terribles, pero nunca he salido herida. No creo que hubiera sido por buena suerte, buen karma, buenos genes, ni siquiera porque me libró mi sentido común. Le doy gracias a Dios por responder las oraciones de los guerreros de oración, incluso antes de que yo fuera consciente de que existían Él ni ellos.

No digo que tengas que hacer algo que requiera tanto tiempo ni esfuerzo como los guerreros de oración que van al área de las fallas geológicas. Sabían que recibieron el llamado para hacerlo. Y créeme, cuando tienes el llamado para hacer una oración específica, no podrás *dejar* de hacerlo. No pondrás los ojos en blanco, ni le dirás al Señor: «Ay, ¿tengo que hacerlo? Estoy cansado. Ahora van a dar mi programa favorito de televisión. No tengo ganas». Más bien dirás: «¡Sí, Señor!». «¡Ahora mismo, Señor!» Y será para ti un privilegio servir de esa manera a tu gran Comandante. Aunque quizá estés solo cuando ores, no estás solo en la batalla. Incontables guerreros de oración están orando contigo en todo el mundo.

Es más tarde de lo que creemos

Tenemos que ir más allá de la simple oración por nuestras propias necesidades. Eso no quiere decir que dejemos de orar por ellas. En absoluto. Jesús nos mandó a que oremos por esas cosas. Además, esto es parte de ser un guerrero de oración. Tenemos que batallar en oración por nuestra propia vida, al igual que por la vida de los miembros de nuestra familia, amigos y por la gente que Dios ponga en nuestro corazón. Sin embargo, no podemos quedarnos allí como si el resto del mundo no fuera problema nuestro. No solo es nuestro problema que oremos al respecto, sino que el Señor *nos manda* a que nos convirtamos en los intercesores que Él quiere que seamos cada uno de nosotros.

Podemos ver que el mal se entremete en todo lo que nos rodea. Podemos estar en un lugar bonito y seguro ahora mismo, pero eso podría cambiar en un instante. Cosas horrendas ocurren muy cerca de nuestra casa.

Mi familia y yo solíamos vivir en un vecindario que considerábamos seguro, hasta que un día dejamos de sentirnos seguros.

Pude *percibir* con claridad que el mal se desplazaba hacia adentro, aun cuando no tenía una evidencia concluyente en esa época. Había estado rodeada de suficiente maldad en mi vida, sobre todo en los años de mi juventud, como para reconocerlo en mi espíritu al momento en que se acercó. Oraba por eso todos los días, pero nunca podía quitarme la sensación de que mi esposo, mis hijos y yo no estábamos en un lugar seguro. Oré para que Dios nos librara del mal y que lo sacara de nuestra comunidad. El Espíritu Santo nos guio a que nos mudáramos a un lugar que se sentía más seguro. Y no mucho tiempo después de eso se descubrió en la comunidad que una enorme cadena de pornografía infantil operaba en un lugar que parecía respetable, justo en las narices de todos. Llevaban niños y filmaban exhibiciones horrendas del mal en nuestro pueblo y nadie lo sospechaba. Todos sabíamos dónde operaban focos de maldad y crimen en esa ciudad y nadie se acercaba a esas áreas, pero no teníamos idea de lo que se cometía en secreto cerca de nuestro propio vecindario.

Después que nos marchamos, una maravillosa señora cristiana que conocíamos muy bien fue a recoger su hija adolescente de un estudio bíblico que se llevaba a cabo en una casa, a unas dos cuadras de la casa de la que nos mudamos. Mientras esperaba afuera a que saliera su hija, con su pequeño hijo en el auto, un hombre se detuvo detrás de ella, se dirigió hacia la ventanilla del conductor de su auto y le apuntó con una pistola. Le exigió su bolso y su maletín, y ella obedeció sin resistencia, pero de todas formas le disparó. A sangre fría. Ella murió delante de su hijo y su hija, que salió corriendo de la casa con los otros del estudio bíblico. Fue una tragedia terrible, horripilante, impensable y desgarradora que nadie tenía que haber experimentado.

Se requirió de tiempo, pero al final atraparon al hombre que le disparó a esa señora, lo juzgaron y lo sentenciaron a cadena perpetua. Se hizo justicia, pero ya nadie se sentía seguro en ese vecindario. La verdad es que ya nadie está seguro en ningún vecindario. El mal está en todos lados, y tenemos que levantar un muro espiritual en su contra en oración, a fin de evitar que se traslade a nuestro vecindario o comunidad. O si ya está allí, tenemos que orar para que se revele y se elimine. Eso es lo que hacen los guerreros de oración.

Yo no quiero estar en una guerra... detesto la violencia

Sé que no quieres estar en una guerra. Yo tampoco. Nadie quiere. Innumerables personas han dicho eso a lo largo de toda la historia. Sin embargo, no tienes opción cuando el enemigo te ataca. El hecho de que detestes la violencia es justo la razón por la que debes involucrarte en la guerra. Si no te involucras en la guerra, primero al orar *de manera ofensiva*, el enemigo te llevará a la batalla. La llevará a tu casa. A tu vecindario. A tu escuela. A tu lugar de trabajo. A tu sala de cine. A tu centro comercial. El enemigo llega para destruir. Y cuando lo hace, debes estar listo para luchar *a la defensiva* con el propósito de detenerlo. Entonces, la mejor manera de hacerlo es orando con anticipación para impedirlo.

Es posible que tomaras este libro porque tengas curiosidad en cuanto a la guerra espiritual (de qué se trata y por qué alguien querría estar involucrado), pero déjame decirte que Dios quiere que hagas más que satisfacer tu curiosidad. Hay que combatir lo que ocurre a tu alrededor y hay que vencerlo en el reino espiritual antes de que pueda ganarse en la tierra.

Este libro te ayudará a determinar de qué lado estás, quién es tu Comandante y cómo reconocer a tu verdadero enemigo. Te ayudará a entender la autoridad que tienes en oración, y cómo prepararte para que seas todo para lo que te llamó Dios, de modo que logres permanecer firme. Te enseñará a ponerte tu armadura espiritual, a llegar a ser un experto con tus armas, a identificar el campo de batalla inmediato y a involucrarte en la guerra. Te enseñará a resistir al enemigo, a ver cada situación desde la perspectiva de Dios y a orar a medida que el Espíritu Santo te guía. Cuando haces todo eso, evitarás que el enemigo ataque cualquier cosa que te pertenece, incluyendo a tu cónyuge, tus hijos, tu hogar, tu salud, tu cordura, tu pureza, tu paz, tu poder y tu relación cercana con el Señor. También puedes recuperar el territorio que le pertenece a

Dios, como gente que está perdida, o que no se puede ayudar a sí misma, y que necesita a alguien que permanezca firme a su lado en contra del enemigo.

Dios nos da dominio en la tierra por el poder de su Espíritu Santo en nosotros. Sin embargo, la victoria llega al batallar todos los días con el enemigo de todo lo que es bueno. No se supone que debamos estar sentados y solo permitir que los problemas nos ocurran. Sí, tendremos problemas. Muchas veces son inevitables. *Dios no prometió una vida sin pruebas ni batallas*. No prometió que tendríamos victoria instantánea en cualquier reto, pero nos ha dicho que cuando proclamamos su verdad, vivimos como Él quiere y oramos, podemos superar estos problemas. Nuestra guerra espiritual en oración prepara el camino para que Dios dé la victoria.

Parece que esto requiere demasiado trabajo

Si te parece que ser guerrero de oración es mucho trabajo, te diré lo que es *en realidad* mucho trabajo. Enterrar a tu hijo. Que te llamen a la escena de un accidente terrible. Recibir el informe de un médico por una enfermedad terrible que te diagnosticaron a ti, a algún miembro de tu familia o a alguien que conoces. La disolución de una amistad cercana. La ruptura de vínculos familiares. Malas relaciones en el trabajo. Sufrir de soledad, tristeza, frustración, desesperanza o miseria. Caer en deuda, embargo de propiedad, pobreza, desánimo, pecado, temor, pavor, ansiedad profunda o la ruptura de un matrimonio. *¡Todo eso es demasiado trabajo!*

Quizá pienses: *¿Me estás diciendo que todo esto ocurre cuando no oro?*

Te pregunto: ¿Puedes decirme con seguridad que el enemigo de tu alma no tiene nada que ver con algo de esto? ¿Que todos estos problemas de alguna manera son parte de su esquema maligno para tu fin? ¿Que no tiene nada de esto planificado para tu vida o la vida de la gente por la que te preocupas mucho? ¿Puedes decirme que la oración no tiene ningún efecto en ninguna de estas cosas que acabo de mencionar?

Sí, todos hacemos cosas tontas de vez en cuando que nos meten en situaciones malas. Y para algunos de nosotros puede parecer que estas cosas *solo ocurren*. Entonces, ¿cuántas veces desearías haber orado por alguien que conoces *antes* de su trágica enfermedad? ¿O de su suicidio? ¿O de su sobredosis de drogas? ¿O del accidente de su adolescente? ¿O de su robo? Estoy segura que demasiadas. Todos lo sentimos. *No* digo que sea nuestra *responsabilidad* que sucedan cosas malas debido a que no oramos. Lo que digo es que las cosas malas se pueden *prevenir* cuando lo hacemos. Y *tenemos* la responsabilidad ante Dios de *cuánto* oramos, de lo *a menudo* que oramos y de la manera *ferviente* en que buscamos la dirección de su Espíritu respecto a *qué* orar.

El mundo que nos rodea está en una situación desesperada. El sufrimiento aumenta. Podemos *verlo*. Lo sabemos. Lo *sentimos*. ¡Y *eso* es demasiado trabajo! Me desaliento mucho cuando la gente dice: «Bueno, si de todas formas va a pasar, ¿para qué orar?». Por favor, escúchame en esto. Sí, algunas cosas son seguras. Por nombrar algunas: el regreso del Señor Jesús, la aniquilación de la influencia del enemigo en la tierra, el surgimiento del anticristo y cada profecía de la Biblia que no se ha cumplido todavía. Sin embargo, Jesús no les dijo a sus creyentes: «Date la vuelta y hazte el muerto hasta que yo venga». No dijo: «Estas cosas van a ocurrir, así que come, bebe y alégrate hasta que ocurran». No. Él dijo que debemos estar ocupados donde estemos, según su voluntad, hasta que Él vuelva. Debemos *adorarlo, leer su Palabra* y *orar sin cesar* por todo el tiempo que estemos aquí. Cuando *no* hacemos estas cosas, estamos *fuera* de su voluntad. No hay otra manera de verlo. Demasiado sufrimiento ocurre porque demasiada gente no ora.

Tenemos que despertar como pueblo de Dios. La oración es la manera en que Dios obra en la tierra. Es *su idea, no la mía*. Yo no me estoy inventando esto; es lo que la Biblia dice una y otra vez. Innumerables cosas buenas *no* sucederán si la gente no ora por ellas. Y cosas terribles *sucederán* si no oramos. Dios nos pide que oigamos su guía.

La Biblia dice: «Sobrellevad los unos las cargas de los otros, y cumplid así la ley de Cristo» (Gálatas 6:2). Esto, en pocas palabras, es lo que significa ser un guerrero de oración. Llevarle al Señor las cargas de otras personas en oración. Eso es intercesión. Reconocer la obra opositora del enemigo y resistirlo en oración. Eso es lo que hacen los guerreros de oración. Muchas tormentas han ocurrido, pero muchas tormentas *más* vendrán. Las cosas se están sacudiendo ahora, pero mucho más se *sacudirá*. Si has edificado sobre la roca y estás orando, permanecerás firme y sobrevivirás la tormenta. Esa es una de las muchas recompensas de ser un guerrero de oración.

Hay demasiado que escribir acerca de la guerra espiritual para que quepan en un libro. Lo que escribo en este libro es cómo puedes llegar a ser un eficiente guerrero de oración. O si ya *eres* uno, cómo puedes llegar a ser el guerrero de oración más victorioso posible. Si nos unimos en oración, podemos romper cada barrera hacia la unidad a la que nos llama Dios y convertirnos en el poderoso ejército de guerreros de oración que Él quiere que seamos.

Comienza diciendo: «Señor, úsame como tu guerrero de oración», y el Espíritu Santo te guiará desde allí.

SEÑOR, te pido que me ayudes a edificar mi vida sobre un fundamento sólido. Sé que no hay fundamento más sólido que el que se construye sobre la roca, que eres tú, Jesús, y tu Palabra (1 Corintios 3:11). No importa lo que se agite en torno a mí, pues tú me das un fundamento que nunca tiembla ni se destruye.

Ayúdame a tener siempre en mente que soy una parte decisiva en la guerra entre tú y tu enemigo, y la victoria en mi vida depende de mi voluntad de oír tu llamado a orar. Conozco esta guerra espiritual en la que quieres que me involucre y sé que la oración *es* la batalla. Enséñame a oír tu llamado, a orar en poder y de la manera que quieres que lo haga.

Gracias, Señor, por los innumerables hombres y mujeres a quienes has llamado para que sean guerreros de oración en esta batalla espiritual entre el bien y el mal, y que ya han respondido al llamado. Te ruego por los muchos que todavía se mantienen al margen, sin darse cuenta de cómo pueden llegar a quedar heridos por el fuego enemigo. Ayúdanos a despertar a tu verdad. Permítenos llevar los unos las cargas de los otros en oración y a cumplir tu ley (Gálatas 6:2). Enséñanos a escuchar tu llamado en todo momento.

Permíteme oír siempre la voz de tu Espíritu Santo que me guía a orar. Revélame dónde se necesita más de mi oración por mí, mi familia, la gente y las situaciones que pones en mi corazón. Enséñame a orar. Ayúdame a no pensar en la oración como una simple petición para que arregles las cosas, sino más bien a tomar dominio de las obras de las tinieblas como dices que lo haga. Enséñame a usar la autoridad que me has dado en la oración para avanzar tu reino en la tierra. Permíteme que haga mi parte en detener la extensión del mal. Ayúdame a avanzar tu reino de una manera poderosa.

Te lo pido en el nombre de Jesús.

> *Por tanto, no durmamos como los demás,*
> *sino velemos y seamos sobrios.*
>
> 1 Tesalonicenses 5:6

2

CONOCE A TU COMANDANTE
Y PONTE DE SU LADO

Cada ejército tiene un comandante que es el líder principal. Es el más confiable y capaz para saber cómo luchar en la guerra. Cada soldado confía *en* él y todas las órdenes llegan *de* él. Ningún buen soldado pensaría pasar por alto sus órdenes ni desobedecerlas. En los ejércitos humanos, los soldados quizá nunca conozcan a su comandante o lo vean siquiera. En el ejército espiritual de Dios, no solo te encontrarás con tu Comandante, sino que lo conocerás *antes* de que llegues a ser un guerrero. Eso se debe a que no solo quiere que sepas *de* Él, sino que quiere que lo conozcas bien y que tengas una relación profunda con Él que sea cercana y personal. Eso significa que no solo te reúnes con él y allí se acaba. Quiere que *sigas creciendo* en tu relación con Él para que puedas oírlo cuando le habla a tu corazón. Quiere que siempre puedas distinguir con claridad entre *su* voz y la del enemigo. Mientras mejor conozcas a tu Comandante, y mientras más confíes en Él por fortaleza, poder y dirección, mejor guerrero serás.

En un ejército regular, tus órdenes llegan a través de una cadena de mando. En el ejército del Señor no hay cadena de mando. Tomas tus órdenes directamente de tu Comandante.

Imagina que decidiste unirte al ejército y que tu Líder ya acordó voluntariamente morir en tu lugar para que tú nunca tengas que hacerlo. No solo eso, Él asume las consecuencias por cualquier error que cometieras en tu vida, o quizá en el futuro, y te da un perdón completo, a fin de que nunca necesites una baja deshonrosa. Aunque fueras a hacer algo terriblemente malo, podrías buscarlo, confesar el error y recibir el perdón y la liberación de cualquier cargo del que se te acuse. ¿Qué tan grandioso es eso? Bueno, no imagines más. Así es que funciona el ejército de Dios, pues tu Comandante es Jesús. Y Él quiere tener el primer lugar en tu vida.

Estas son algunas de las cosas que debes saber de tu Comandante. Jesús estaba con Dios desde el principio (Juan 1:1-2). Él vino a la tierra, nació como hombre, pero todavía era Dios por completo, para librarnos de las fuerzas del infierno y del poder de la muerte. Lo crucificaron en una cruz, sufriendo la muerte en nuestro lugar. Resucitó para demostrar que era quien decía ser: el Hijo de Dios. Nos abrió el camino no solo para ser salvos por toda la eternidad con Él, sino para ser salvos en esta vida de las manos de nuestro enemigo. Dio su vida *«para destruir por medio de la muerte al que tenía el imperio de la muerte*, esto es, al diablo, y librar a todos los que por el temor de la muerte estaban durante toda la vida sujetos a servidumbre»* (Hebreos 2:14-15).

Esto significa que Jesús nos libró del enemigo que tenía el poder de la muerte sobre nosotros. Cuando Jesús murió en la cruz y resucitó, obtuvo la victoria absoluta sobre la muerte y el infierno. Sufrió y murió para que nosotros no tuviéramos que hacerlo. Nos libró de cualquier razón para *temerle* a la muerte, pues cuando muramos iremos a vivir con Él. No debemos tenerle miedo a la muerte; debemos tenerle miedo a vivir sin Él.

Como creyentes, sabemos que «estar ausentes del cuerpo» es «habitar con el Señor» (2 Corintios 5:8, LBLA). También sabemos que estar ausentes en el Señor como incrédulos no es vida en absoluto.

La Biblia dice que Jesús fue perfeccionado a través del sufrimiento (Hebreos 5:8-9). Sin embargo, eso no significa que alguna vez Él fuera imperfecto o pecador, porque fue moralmente perfecto. Significa que *cumplió a la perfección* lo que se requería para ser el Salvador de toda la gente. En su sufrimiento y muerte, se convirtió en el Salvador perfecto. Cumplió a la perfección todo lo que tenía que hacer para ser el sacrificio por todos nuestros pecados. Nadie ha hecho eso nunca, sino Él. Nadie más ha muerto jamás por ti, ni ha resucitado de los muertos para destruir el poder que la muerte tenía sobre ti. Solo Jesús. Y eso también lo convierte en el Comandante perfecto.

Jesús es en realidad el Comandante de dos ejércitos. Uno es un ejército de ángeles en el cielo y otro es el ejército de los guerreros de oración en la tierra. Es más, a Jesús se le llama «Señor de Sabaot». (No, eso no es «Señor del Sabat» mal escrito). El Señor de Sabaot significa Comandante de los ejércitos del cielo y la tierra que están en guerra contra Satanás y todas sus fuerzas malvadas. Como Comandante de estos dos ejércitos, Jesús nos enseña a ganarle el control al enemigo sobre lo que ha robado y que nos pertenece de manera legítima. Jesús aseguró nuestra libertad del control del enemigo, pero aún tenemos que establecer esa libertad en nuestra vida y en la vida de los demás. Hacemos esto en oración, como guerreros de oración.

Las siguientes páginas contienen algunas otras cosas importantes que debes saber de tu Comandante.

Tu Comandante te escoge

La Biblia dice que Dios «*nos escogió* en él antes de la fundación del mundo, *para que fuésemos santos y sin mancha* delante de él, en amor habiéndonos *predestinado* para ser adoptados hijos suyos por medio de Jesucristo, según el puro afecto de su voluntad» (Efesios 1:4-5).

Somos *escogidos*. Dios *nos* escogió antes de que nosotros *lo* escogiéramos. Él nos escogió y nos salvó debido a su amor por nosotros y su bondad hacia nosotros. Somos *santos* porque Jesús nos limpió de todo pecado. Somos *predestinados*, lo cual no significa que tengamos una visión fatalista del futuro, como si fuéramos destinados a ser pobres y desdichados. Significa que Dios tiene un plan para nuestra vida, y puesto que recibimos a Jesús y tenemos su Espíritu

Santo en nosotros, ahora estamos destinados a vivir de acuerdo a ese plan. Somos *perdonados* porque Jesús nos amó lo suficiente como para sufrir la muerte que debíamos tener nosotros y pagar el precio que teníamos que pagar por nuestros pecados. Somos *justificados*, lo que significa que ahora, en cuanto a nuestros pecados, es «como si» nunca lo hubiéramos hecho. Dios nos *acepta* porque hemos aceptado a Jesús y ahora estamos «en Cristo» y su Espíritu está en nosotros. Cuando Dios nos mira, Él ve la justicia de Jesús. Y eso es algo bello.

Tu Comandante te salva

Nosotros no podemos salvarnos a nosotros mismos. Solo puede hacerlo Jesús. Sin Él estamos perdidos. «Y en ningún otro hay salvación; porque *no hay otro nombre bajo el cielo, dado a los hombres, en que podamos ser salvos*» (Hechos 4:12).

Cualquiera que invoca el nombre de Jesús para ser salvo puede serlo. Pablo dijo: «*Porque todo aquel que invocare el nombre del Señor, será salvo*» (Romanos 10:13). Dijo: «*Si confesares con tu boca que Jesús es el Señor, y creyeres en tu corazón que Dios le levantó de los muertos, serás salvo*» (Romanos 10:9). Se confirma al creer con nuestro corazón y al confesar con nuestra boca que Jesús es Señor y Salvador.

Si nunca has establecido una relación personal con Jesús, puedes estar seguro de que Él ya te escogió. Él espera todos los días que tú lo escojas a Él. Puedes hacerlo pidiéndole que entre a tu corazón y te perdone todos tus pecados y errores del pasado. Dile que quieres recibirlo y todo lo que Él tiene para ti. Agradécele por dar su vida por ti a fin de que tú pudieras tener vida con Él por toda la eternidad y una mejor vida ahora.

Todo lo seguro en nuestra vida como creyentes depende de la muerte y la resurrección de Jesús. Sin eso, si Jesús no hubiera pagado el precio de nuestros pecados con su muerte en nuestro lugar, no somos perdonados ni salvados de nuestra propia muerte. *Si Cristo no resucitó, nuestra fe es vacía y vana, porque todavía estamos muertos en nuestros pecados* (1 Corintios 15:14, 17). Nuestra fe sería una mentira, un chiste, una fantasía sin poder. En cambio, Él *sí murió*. Y *sí resucitó*. Y muchos lo vieron en la tierra antes de ascender al cielo. Después de la crucifixión de Jesús, los líderes religiosos judíos cuestionaron a Pedro y a Juan acerca de lo que decían de Él. Les exigieron a los dos apóstoles que no hablaran de Jesús en absoluto, pero ellos se negaron y dijeron: «No podemos dejar de decir lo que hemos visto y oído» (Hechos 4:20). Te garantizo que tú serás igual porque mientras más conozcas a Jesús, menos podrás reservártelo para ti mismo. Cuando entiendas *de* todo lo que te ha salvado, y *para* todo lo que te ha salvado, no podrás dejar de hablar de Él. *Permite que Dios te posea al recibir a Jesús, y nunca más te poseerá cualquier otra cosa.*

Tu Comandante te hace coheredero con Él

Cuando recibes al Señor, eres hijo o hija de Dios. Eso te hace hermano o hermana de Jesús y, por lo tanto, coheredero con él. Lo que Jesús hereda, tú lo heredas también. «Dios envió a su hijo» para redimirnos y ahora no somos esclavos del pecado, sino que somos hijos e hijas de Dios, haciendo de cada uno de nosotros un *«heredero de Dios por medio de Cristo»* (Gálatas 4:4, 7). Esto no es algo pequeño, por lo que no dejes nunca que esta verdad se minimice en tu vida. Solo un coheredero con Cristo puede ser guerrero de oración.

Ser un guerrero de oración es una forma de vida. No es algo al azar, ocasional, ni algo que hacemos cuando tenemos ganas. Tampoco es trabajoso. Cuando Jesús dice: «Sígueme», está diciendo: «Sal del mundo y entra al reino de Dios». «Sal del peligro y entra a la seguridad». «Sal de la oscuridad y entra a la luz». «Sal del estrés y entra a la paz». Dice: «Venid a mí todos los que estáis trabajados y cargados, y yo os haré descansar. Llevad mi yugo sobre vosotros, y aprended de mí, que soy manso y humilde de corazón; y hallaréis descanso para vuestras almas; *porque mi yugo es fácil, y ligera mi carga»* (Mateo 11:28-30). Cuando oras por las cargas que tienes en tu corazón, las colocas en Él. Las cosas que quiere que hagas son fáciles porque *Él* carga lo pesado. Este es solo el comienzo de recibir tu herencia.

Tu Comandante te da su Espíritu Santo para que viva en ti

Jesús no está en persona aquí en la tierra con nosotros, porque está sentado a la diestra del Padre en el cielo (Hebreos 1:3). Desde la diestra del Padre, Jesús intercede por nosotros y nos concede bendiciones.

Jesús les dijo a sus discípulos que cuando se fuera al Padre, después que lo crucificaran y resucitara, enviaría a su Espíritu Santo para que estuviera *con* nosotros y *en* nosotros. Eso significa que cuando recibes a Jesús, Él te da su Espíritu Santo para que more en ti. Es la señal de que le perteneces.

«Mas vosotros no vivís según la carne, sino según el Espíritu, si es que el Espíritu de Dios mora en vosotros. Y si alguno no tiene el Espíritu de Cristo, no es de él» (Romanos 8:9).

Este versículo significa que si no tienes su Espíritu Santo en ti, no lo has recibido a Él. No me refiero a otros derramamientos o manifestaciones del Espíritu. Ese es otro libro por completo. Me refiero a lo que sucede cuando recibes al Señor.

Cuando recibiste a Jesús, *«fuisteis sellados con el Espíritu Santo de la promesa»* (Efesios 1:13). El Espíritu Santo en nosotros es *«garantía de nuestra herencia»*, lo que significa que nuestra herencia de Dios es un trato hecho (Efesios 1:14, LBLA). Eso significa que Dios nos posee por entero y para siempre.

El Espíritu de Cristo, que es el Espíritu Santo de Dios que vive en ti, es el *poder* de *Dios*. Dios comparte su poder contigo. Esa es la manera en que te da poder sobre el enemigo. La Biblia dice: «Porque la palabra de la cruz es locura a los que se pierden; pero *a los que se salvan, esto es, a nosotros, es poder de Dios»* (1 Corintios 1:18). La obra de Cristo en la cruz es la base sobre la que nos salvamos. La resurrección de Jesús siempre fue el plan de Dios, y destruyó los planes del enemigo y todo su poder. Eso significa que *Jesús* gobierna en tu vida y el maligno no.

Cuando recibes al Señor, te transportan a un reino nuevo, y nunca más tendrás que volver a vivir en el reino de las tinieblas. Jesús dijo: «*Yo, la luz, he venido al mundo*, para que todo aquel que cree en mí no permanezca en tinieblas» (Juan 12:46). No solo vamos a pasar la eternidad con Él, sino que vamos a reinar con Él en esta vida también. Todo esto ocurre por el poder del Espíritu Santo en nosotros. Jesús «no es débil para con vosotros, sino que es poderoso en vosotros» (2 Corintios 13:3).

Al recibir a Jesús, estableces una relación viva con Él y su Espíritu vive en ti. De esa manera, se comunica contigo. Cuando tu corazón está abierto a lo que Él quiere comunicarte, escucha su dirección. Cuando tu corazón oye su llamado a orar y estás comprometido a responder a ese llamado, eres un guerrero de oración en su gran ejército en la tierra.

Tu Comandante quiere que elijas su lado

Llegamos a ser parte de la guerra entre Dios y el maligno cuando recibimos a Jesús y nos declararon ciudadanos legales del reino de Dios en la tierra. En esta tierra estamos ya sea en el ejército de Dios o en las fuerzas del enemigo de Dios. Las líneas de combate se establecieron hace miles de años. (Encontrarás más información sobre esto en el capítulo 3: «Reconoce quién es tu verdadero enemigo»). Todos tienen que tomar la decisión en cuanto al lado en que están. Pensar que puedes ser neutral, que no eliges el lado de Dios ni reconoces al enemigo, te pone en el lado del enemigo.

Así es que algunas personas escogen el lado del maligno, sin ser conscientes, pensando que no tienen que tomar esa decisión y que pueden mantenerse al margen. Algunas personas *creen* que están optando por el lado bueno porque el enemigo es capaz de seducir a los desinformados para que piensen que *él* es dios. Sin embargo, cuando caminamos con el Dios verdadero, viviendo con su Palabra en nuestro corazón y siguiendo la dirección de su Espíritu Santo en nosotros, podemos reconocer a un impostor.

Mientras más conozcas a tu Comandante, más seguro estarás del lado en que estás. Eso se debe a que estar con cualquier otro sería impensable.

Ser un guerrero de oración es algo que haces porque amas al Señor y quieres servirlo. Como guerreros de oración ahora nos convertimos en «embajadores en nombre de Cristo» (2 Corintios 5:20). El amor de Jesús por nosotros no nos da otra alternativa más que vivir para agradarlo. «El amor de Cristo nos obliga» (2 Corintios 5:14, NVI). Solo podemos escoger el lado ganador.

Tu Comandante ya derrotó al enemigo

Tu Comandante es el único que derrotó al enemigo por ti. Y Él te llama a pelear con cualquier ventaja posible, incluyendo la impenetrable armadura y el arma más poderosa de todas. Por eso es que no tenemos que temerles a las fuerzas del mal. Jesús las neutralizó por completo. A través de la cruz, Jesús destruyó el gobierno en la tierra de principados y potestades de maldad (Colosenses 2:15). Él no los *destruyó*, sino que *destruyó* su *poder* de atormentar a los que tienen a su Espíritu Santo.

El enemigo solo tiene poder en nuestra vida si se lo permitimos. La gente bajo la influencia del enemigo es la que le ha dado lugar en su vida, ya sea a propósito o por ignorancia. Jesús es Señor, y no podemos moderar eso en nuestro corazón, ni podemos renunciar a ese hecho en nuestra mente. *Nuestro Comandante mora en nosotros por su Espíritu, y nunca debemos someternos a ningún otro.* Pasa tiempo con tu Líder a fin de que Él pueda darte la fortaleza y la protección que necesitas para estar a su lado en la batalla. No olvides por ningún momento que Dios es mayor y más poderoso que el enemigo (1 Juan 4:4). Jesús ganó esta guerra. Y debido a que estás peleando de su lado, también eres un ganador.

Tu Comandante es el mejor ejemplo de un guerrero de oración

Jesús es nuestro mejor modelo a imitar cuando se trata de entender lo que significa ser un guerrero de oración. No solo enseñó acerca de la oración; la vivió todos los días de su vida. Oraba todo el tiempo. No hacía nada sin orar primero. Se enfrentó al enemigo a menudo y lo dominó. El tiempo privado de Jesús con su Padre celestial fue lo que le permitió hacer todo lo que hizo.

Sus discípulos observaban que cuando Jesús se apartaba de ellos para orar, volvía con el poder para hacer milagros. Ellos hicieron esa conexión entre poder y oración. No le preguntaron cómo obtener el poder; le pidieron que los enseñara a orar. Y Jesús les enseñó a orar lo que ahora llamamos el Padrenuestro (Mateo 6:9-13).

En esa oración, Jesús nos enseñó a reconocer a Dios como nuestro *Padre celestial*, lo cual establece nuestra relación personal con Él como sus hijos. Debemos entrar a su presencia en adoración y alabarlo como santo. Oramos para que se haga su voluntad y para que su reino se establezca en la tierra, así como en el cielo, lo que significa que oramos para que se establezca en nosotros, en la gente que amamos y queremos, y en el mundo en el que vivimos.

También nos enseñó a pedirle que supliera todas nuestras necesidades y que Dios perdonara nuestros pecados, así como nosotros perdonamos a otros que nos ofenden. Eso pone una luz de condena en cualquier falta de perdón que podamos albergar en nuestro corazón. También debemos pedirle a Dios fortaleza para soportar toda tentación y para que *nos libre del maligno*. Por último, debemos declarar su reino y gloria por siempre.

El nombre de Jesús no se usó en esta oración porque aún no lo habían crucificado ni había resucitado. Cuando habló con sus discípulos de su muerte venidera, dijo que iba a preparar un lugar en el cielo para todos los que confiaban en Él. Dijo: «*El que en mí cree, las obras que yo hago, él las hará también*; y aun mayores hará, porque yo voy al Padre. Y todo lo que pidiereis al Padre en mi nombre, lo haré, para que el Padre sea glorificado en el Hijo. *Si algo pidiereis en mi nombre, yo lo haré*» (Juan 14:12-14). Eso significa que puesto que recibimos a Jesús, podemos lograr cosas que *Él* ha hecho cuando oramos en *su* nombre.

El deseo de Jesús fue hacer siempre la voluntad de su Padre celestial y glorificarlo. Debemos tener el mismo deseo en nuestro corazón para ser los guerreros de oración que Dios nos llama a ser. Debemos dedicarnos a tener comunión con nuestro Padre celestial y a cumplir su tarea de establecer su reino en oración, aquí y ahora.

Debemos reconocer que tenemos la mente de Cristo y negarnos a que nos guíen nuestros propios deseos carnales. No debemos permitir que el enemigo nos engañe para que hagamos cosas que sabemos que son malas y que luego suframos las consecuencias. No permitamos que el enemigo impida que hagamos las cosas buenas por temor al hombre, por descuido o por haraganería. No nos quedemos *atascados* en legalismos en lugar de *dejarnos llevar* por Jesús y lo que Él logro en la cruz. Porque si lo hacemos, eso limitará lo que Dios quiere que hagamos *en* nosotros y *por medio* de nosotros.

Debido a Jesús es que tenemos una conexión directa con Dios. Al recibirlo, recibimos su reino que no puede ser conmovido. Hay un castigo severo para los que desechan la revelación que tienen de Jesús. Cuando Jesús vuelva, se irá todo lo terrenal y temporal, y solo permanecerá lo que es eterno y de Dios. Recibimos un *reino inconmovible* para poder servir a Dios sin temor (Hebreos 12:25-29). Bienvenido al reino de Dios.

Si recibiste a Cristo como Salvador, se aniquiló el poder del enemigo en tu vida. A menos que el enemigo te convenza para que dudes de la Palabra de Dios y de todo lo que logró Jesús, el enemigo no tiene poder. En lugar de escuchar al enemigo, aférrate a lo que Dios te dice a través de su Palabra y del Espíritu Santo en ti, y tendrás poder sobre el enemigo por el resto de tu vida.

ORACIÓN PARA EL
GUERRERO DE ORACIÓN

SEÑOR, tú creaste el mundo, así como todas las cosas de la tierra y del cielo. Todo viene de ti y se compone de ti. Gracias, Señor, por mantener el mundo unido. Gracias, Jesús, por salvarme, por perdonarme y por liberarme de las heridas mortales que me han ocasionado mis pecados. Gracias, Señor, porque tú nunca cambias. Tú eres «el mismo ayer, y hoy, y por los siglos» (Hebreos 13:8). Ayúdame a imitarte en todas las cosas. No permitas que siga cualquier cosa que no seas tú (Hebreos 13:9).

Gracias, Jesús, por la herencia que me aseguraste, tanto en esta vida como en la venidera. Gracias por la gran esperanza que tengo en ti. Gracias por escogerme, incluso antes de que te escogiera yo. Gracias porque me proteges del enemigo cuando vivo como tú quieres y oro de acuerdo a tu voluntad, como me enseñaste en tu Palabra. Gracias porque recibí tu Espíritu Santo debido a que puse mi fe en ti, y esto sella mi futuro para pasar una eternidad contigo. Te alabo por pagar el precio para ganar la guerra en contra del enemigo de mi alma.

Decido estar de tu lado en esta guerra entre el bien y el mal. Enséñame a ser el poderoso guerrero de oración que me llamaste a ser. Permíteme tomar el dominio de las obras de las tinieblas y a recuperar el territorio que me robó el enemigo, a mí y al resto de tu pueblo. Ayúdame a permanecer firme en oración, en contra de la intrusión del enemigo en mi vida, así como en la vida de otros. Permíteme servirte, guiado por tu Espíritu Santo en oración. Gracias, Señor, porque me protegerás a mí y a las personas por las que oro.

Gracias por compartir tu poder conmigo cuando oro en tu nombre, a fin de que pueda ganar cada batalla y derrotar al enemigo.

Te lo pido en el nombre de Jesús.

Como pasa el torbellino,
así el malo no permanece; mas el
justo permanece para siempre.

PROVERBIOS 10:25

3

RECONOCE QUIÉN ES TU VERDADERO ENEMIGO

Ganar una guerra no es algo automático. Primero tienes que identificar con claridad contra quién estás luchando y por qué.

Esto es lo que sabemos de nuestro enemigo. Es un ser creado, un ángel, que estaba en el cielo con Dios. Su nombre era Lucifer, que significa «hijo de la mañana». «¡Cómo caíste del cielo, oh Lucero, hijo de la mañana! Cortado fuiste por tierra, tú que debilitabas a las naciones» (Isaías 14:12). Lucifer era el líder de todos los ángeles y era el principal entre todos ellos. Era bello y brillante, y su orgullo lo llevó a tratar de quitarle las riendas a Dios. «Tú que decías en tu corazón: Subiré al cielo; en lo alto, junto a las estrellas de Dios, levantaré mi trono» (Isaías 14:13). Quería *ser* Dios, por lo que se rebeló en su contra. Su arrogancia lo hizo tratar de quitarle a Dios el control del cielo.

Cuando se llevó a cabo la batalla por el trono de Dios, Lucifer y un tercio de los ángeles que se rebelaron con él cayeron del cielo a la tierra. Entonces, se le llamó «diablo y Satanás, el cual engaña al mundo entero; fue arrojado a la tierra, y sus ángeles fueron arrojados con él» (Apocalipsis 12:9).

En la tierra, Satanás llegó a ser un experto en disfrazarse y sus ángeles se convirtieron en espíritus malos. «El mismo Satanás se disfraza como ángel de luz» (2 Corintios 11:14). Es el autor de mentiras y trabaja con engaño. Él y sus espíritus malos trabajan en contra de los que no estamos de su lado, al tratar a cada instante de alejarnos de Dios, de su verdad y de todo lo que Él tiene para nosotros. No pienses por un momento que entender algunas cosas de Satanás y sus fuerzas del mal te abrirá ese mundo. Ya está a tu alrededor. Algunos cristianos creen por error que si no tienen en cuenta el reino del enemigo, se alejará. ¡Qué va! El reino del enemigo solo funciona porque los creyentes no estamos en la batalla para detenerlo. El enemigo y sus subalternos siempre andan por ahí y buscan a quien oprimir. No tenemos que hacer negocios con el mal; tenemos que seguir al Señor Jesús, nuestro Comandante, y estar en los negocios de nuestro *Padre celestial*.

La verdad acerca de quién es el enemigo

Los buenos soldados saben que si no reconocen quién es su enemigo, están destinados a perder la guerra. Eso también es cierto para los que peleamos en el ejército de Dios. Aunque Jesús puso al enemigo debajo de sus pies y obtuvo la victoria para nosotros, todavía tenemos que avanzar hacia esa victoria. Todavía hay batallas que hay que pelear en oración.

En las Primera y Segunda Guerra Mundial, cuando se ganaron las guerras y se derrotaron a los enemigos, aún existían focos de combatientes enemigos que se negaban a rendirse. Atacaban en la oscuridad desde el lugar donde estaban escondidos. Por todo el tiempo que pudieron, siguieron peleando una guerra que ya estaba perdida. Muchas veces nuestro enemigo nos ataca y tiene éxito solo porque puede. Sabe que demasiada gente no se le opondrá, ya sea porque no sabe que está allí o porque no reconoce su carácter, la forma en que opera y que la guerra continúa todavía.

Uno de los miembros de mi familia está en el ejército y dice que cada soldado debe conocer las debilidades y las fortalezas de su enemigo. No tiene que estar familiarizado de manera personal con el enemigo; solo tiene que saber la forma en que actúa el enemigo y cuáles son sus tácticas. Nosotros, también, debemos ser capaces de identificar a nuestro enemigo, lo que *es* capaz de hacer y lo que *no*.

Debemos conocer la manera en que opera, a fin de poder identificar cualquier intento que haga por influir en nuestra vida o en la vida de otros.

Un perfil adecuado de nuestro enemigo, enemigo de Dios, está registrado en la Biblia. Se citan a Jesús, Pablo, Juan, Mateo y David en cuanto a las fuerzas espirituales de maldad y cómo debemos responderles a ellas. El Señor y estos hombres piadosos querían que fuéramos conscientes por completo de quién es nuestro enemigo.

A continuación hay algunos nombres del enemigo que mencionaron, de modo que logremos identificar su carácter cuando veamos que se manifiesta en una persona o situación. El enemigo es:

El padre de mentira. «Él ha sido homicida desde el principio, y no ha permanecido en la verdad, porque no hay verdad en él. Cuando habla mentira, de suyo habla; porque es mentiroso, y padre de mentira» (Juan 8:44).

El ladrón. «El ladrón no viene sino para hurtar y matar y destruir; yo he venido para que tengan vida, y para que la tengan en abundancia» (Juan 10:10).

El gran dragón y la serpiente. «Y fue lanzado fuera el gran dragón, la serpiente antigua, que se llama diablo y Satanás, el cual engaña al mundo entero; fue arrojado a la tierra, y sus ángeles fueron arrojados con él» (Apocalipsis 12:9).

El tentador. «Y vino a él el tentador, y le dijo: Si eres Hijo de Dios, di que estas piedras se conviertan en pan» (Mateo 4:3).

El enemigo y el vengativo. «De la boca de los niños y de los que maman, fundaste la fortaleza, a causa de tus enemigos, para hacer callar al enemigo y al vengativo» (Salmo 8:2).

El acusador. «Entonces oí una gran voz en el cielo, que decía: Ahora ha venido la salvación, el poder, y el reino de nuestro Dios, y la autoridad de su Cristo; porque ha sido lanzado fuera el acusador de nuestros hermanos, el que los acusaba delante de nuestro Dios día y noche» (Apocalipsis 12:10).

El maligno. «Y no nos dejes caer en tentación, sino líbranos del maligno» (Mateo 6:13, NVI).

El adversario. «Sed sobrios, y velad; porque vuestro adversario el diablo, como león rugiente, anda alrededor buscando a quien devorar» (1 Pedro 5:8).

El príncipe de este mundo. «No hablaré ya mucho con vosotros; porque viene el príncipe de este mundo, y él nada tiene en mí» (Juan 14:30).

El príncipe de la potestad del aire. «Y él os dio vida a vosotros, cuando estabais muertos en vuestros delitos y pecados, en los cuales anduvisteis en otro tiempo, siguiendo la corriente de este mundo, conforme al príncipe de la potestad del aire, el espíritu que ahora opera en los hijos de desobediencia» (Efesios 2:1-2).

El motivo de saber todo esto es poder poner la culpa de ciertas cosas que ocurren justo donde debe estar. Nunca debemos culpar a Dios por lo que hace el enemigo. El enemigo es el que roba y mata, no Dios. El enemigo es nuestro adversario, acusador, tentador y padre de mentira, no Dios. El enemigo quiere destruir la vida que Dios tiene para nosotros. Debemos reconocer estas cosas si queremos tener éxito al permanecer firmes en contra del enemigo de *Dios* y nuestro.

La verdad acerca de las mentiras del enemigo

El enemigo y sus espíritus malignos no pueden poseer a un creyente, pero pueden tratar de oprimirnos con mentiras acerca de quién es Jesús, quién es Dios y quiénes somos en Cristo. El enemigo puede tratar de confundirnos o de llevarnos a la ira, la ansiedad, la amargura, la desesperación y el temor. No digo que no podamos llegar a esas condiciones por nosotros mismos. Podemos hacerlo. Sin embargo, el enemigo siempre está tratando de hacernos creer o sentir *lo opuesto* a lo que Dios quiere que creamos o sintamos. El enemigo lo logra haciendo que aceptemos *sus mentiras* como verdades. Debido a que Dios nos ha dado libre albedrío, podemos ponerle un alto a las mentiras del enemigo al *decidir* creerle a Dios y no a él.

Una de las maneras principales en las que el enemigo aleja a la gente de Dios es por el engaño. Conozco a la esposa de un pastor de una iglesia en la que hablé hace muchos años, que me dijo que nunca pronunciaba el nombre del enemigo, ni lo mencionaba, y que nunca leía ningún pasaje bíblico que dijera algo de él. No quería que él se percatara de ella ni de su familia, por lo que al no reconocer al enemigo sentía que no atraería su atención. Yo no podía creer lo opuesto por completo que era eso a la verdad que hay en la Biblia y en las propias palabras de Jesús. No sé si su esposo creía lo mismo o no, pero solo puedo suponerlo. Resultó que la vida de su hija se destrozó en un terrible accidente automovilístico, y su hijo tenía tales desacuerdos con sus padres que la familia se dividió. Su iglesia menguó tanto que, al final, el pastor perdió todo su pastorado. ¿No hay enemigo? ¿En serio? Sin duda, podemos ver cómo resultó para ellos negar la existencia del enemigo.

Negar la existencia del enemigo al punto de ni siquiera leer ningún pasaje bíblico que se refiera a él pone a una persona justo donde la quiere el enemigo: ¡EN LAS NUBES! Ese es uno de sus mayores engaños entre todos. Y los pastores, junto con sus familias, son los blancos *perfectos*. El enemigo apunta hacia ellos, y por eso es que los guerreros de oración debemos orar por nuestros pastores y sus familias, para que no prospere ninguna arma que *el enemigo* haya ideado en su contra.

Todo el que cree en Jesús es blanco del enemigo. El enemigo de *Dios* siempre será *nuestro* enemigo. Ninguna negación de su existencia cambiará eso. Uno de mis pastores amados, el pastor Rice, dijo: «Con cada paso que das lejos de Dios habrá alguien allí que te diga que estás haciendo lo bueno». Por eso es que debemos estudiar la Palabra de Dios para que no terminemos sin idea en cuanto a quién es nuestro enemigo. Tenemos que poder discernir entre la verdad y una mentira.

Los que meten la cabeza en la arena en cuanto al enemigo y la guerra espiritual están destinados a recibir una patada en la parte más obvia de su anatomía que todavía quede expuesta.

Que no te engañe la rutina del ángel de luz del enemigo. Pídele al Espíritu de verdad dentro de ti que te mantenga *sin engaño*. Porque si no lo haces, de seguro te diriges a una experiencia dolorosa.

El primer engaño del enemigo

En el huerto del Edén, el enemigo se le acercó a Eva en forma de serpiente. Le introdujo sus mentiras dándole ideas que eran contrarias a lo que Dios les dijo a ella y a Adán. Contradijo la Palabra de Dios y la tentó para que comiera del único fruto que Dios había prohibido. Ella protestó y dijo que Dios le dijo que cualquiera que comiera de ese fruto moriría. La serpiente le mintió a la mujer y le dijo: «No moriréis; sino que sabe Dios que el día que comáis de él, serán abiertos vuestros ojos, y seréis como Dios, sabiendo el bien y el mal. Y vio la mujer que el árbol era bueno para comer, y que era agradable a los ojos, y árbol codiciable para alcanzar la sabiduría; y tomó de su fruto, y comió; y dio también a su marido, el cual comió así como ella» (Génesis 3:4-6). El enemigo la hizo cuestionar la Palabra de Dios y ella cayó en la trampa.

Cuando Adán y Eva desobedecieron a Dios, los expulsaron del huerto donde habían disfrutado de una relación íntima con el Señor y de una vida perfecta. Y, desde entonces, el hombre ha intentado acercarse a Dios y encontrar la vida perfecta.

Estamos comenzando a ver un patrón aquí. Rebelarse en contra de Dios y desobedecer sus reglas no dan buenos resultados. A cualquiera que lo haga lo expulsan de todo lo que Dios tiene para él. Aunque a Eva la *engañó* el enemigo, y Adán *decidió* desobedecer, el resultado fue el mismo. Desastre.

El enemigo usa el mismo método con nosotros y trata de hacernos dudar de lo que ha dicho Dios. Nos dice: «Adelante, hazlo». «Nadie lo sabrá». «Tú lo mereces». «En realidad, Dios no dijo eso». «Es más, tú no le interesas a Dios». Y una persona que no está cimentada en la Palabra creerá que está escuchando revelación de Dios. Por eso es que debemos conocer muy bien la Palabra de Dios. Jesús se ocupó de Satanás con la Palabra de Dios cuando lo tentó en el desierto. Tenemos que ocuparnos del ataque del enemigo en nuestra vida de la misma manera.

El enemigo siempre llega y trata de tentarte para que dudes de Dios. Te tentará para que no estés satisfecho con lo que te ha dado Dios. Hará que cuestiones lo que Él está haciendo o lo que te ha llamado a hacer. Por eso es que tienes que conocer con seguridad quién es Dios, qué es lo que logró Jesús y quién eres en el Señor. Cuando oigas algo como: «Está bien hacer eso porque *todos lo hacen*», permanece firme en la Palabra de Dios y en la oración, y niégate a aceptar sus mentiras.

Adán y Eva solo tenían que ocuparse de *un* mandamiento del Señor. No había mucho que memorizar, pero quizá tuvieran que haberlo hecho. No fue que Adán y Eva no supieran lo que Dios les había instruido que no hicieran; solo que escucharon la voz equivocada que les decía que estaba bien no hacerlo. Esa voz era el enemigo que les hablaba a través de la amigable serpiente común que hablaba.

Que eso sea una lección. No aceptes nada de alguien que se oponga a la Palabra de Dios, sin importar lo lindo y cariñoso que sea.

Este enfrentamiento entre Eva y el enemigo es la primera batalla que se registra en la Palabra. El problema fue que ella no se dio cuenta de que la serpiente era el enemigo. Pensó que se trataba de una amiga. Le creyó a ella y no a Dios. ¿Con cuánta frecuencia la gente recibe la influencia de alguien que tiene cierto encanto, una bonita sonrisa, la apariencia de que se preocupa por ella y un modo persuasivo? *¡Demasiado a menudo!* Tenemos que mantener los ojos bien abiertos a la verdad. Tenemos que aferrarnos a Dios y su Palabra, y resistir a cualquiera que se le oponga.

Tu batalla principal siempre será con el enemigo que quiere imponer su voluntad en tu vida y evitar que el plan de Dios para ti tenga éxito. Cada paso de desobediencia a los caminos de Dios te pone en complicidad con el enemigo. Ni siquiera tienes que cometer algún crimen atroz. Toda murmuración, envidia, falta de amabilidad, grosería, crueldad o pensamientos impuros nos colocan en una relación de trabajo con el enemigo, a la vez que entristecemos al Espíritu Santo que está en nosotros.

Nuestra guerra siempre es con el enemigo de nuestra alma y debemos ganarla. Y la *ganaremos* al permanecer cerca de Dios y su Palabra, y al buscar la dirección de su Espíritu Santo en todas las cosas. Perderemos cada batalla al resistirnos a Dios y a sus caminos. Somos coherederos con Cristo y heredaremos todas sus victorias, pero todavía tenemos que vivir como Él quiere, a fin de recibir esa herencia completa.

Ora para que nunca caigas en el engaño. El apóstol Pablo dijo: «Pero temo que como la serpiente con su astucia engañó a Eva, *vuestros sentidos sean de alguna manera extraviados de la sincera fidelidad a Cristo*» (2 Corintios 11:3). El mensaje del evangelio es sencillo. Cuídate de los que lo complican con su doctrina confusa que cuestiona todo en la Palabra. Al apóstol Pablo le preocupaba que la gente oyera voces engañosas y comenzara a dudarlo todo. Dijo: «Porque si viene alguno predicando a otro Jesús que el que os hemos predicado, o si recibís otro espíritu que el que habéis recibido, u otro evangelio que el que habéis aceptado, bien lo toleráis» (2 Corintios 11:4). Puedes acostumbrarte a las voces de duda y comenzar a dudar de la voz *de Dios*.

CORRE, NO CAMINES, para alejarte de cualquier voz que te diga que está bien desobedecer los mandamientos de Dios y sus instrucciones personales para ti.

En un momento de debilidad puedes tener duda y creer las mentiras del enemigo, pero el punto es no permitir que haya momentos de debilidad. Fortalécete en la Palabra de Dios, en oración, en adoración y alabanza. Estoy segura de que Eva lamentó creer el engaño del enemigo, y que Adán se enfureció por su mala decisión. Llegaron a ser los primeros en demostrar que, en realidad, nunca sabes lo que tienes hasta que lo pierdes.

El enemigo quiere destruir tu familia

La segunda batalla que se registra en la Biblia, después del ataque del enemigo sobre Adán y Eva, también ocurrió dentro de una familia. Con frecuencia nuestras mayores batallas tienen que ver con mantener fuerte la relación familiar. Son antiguas las batallas entre hermanos, padres, hijos, esposo y esposa, y cualquier otra relación de familia. ¿Y quién crees que estaría muy complacido con la disolución de nuestras relaciones de familia? El enemigo, por supuesto. Lo lamentable es que demasiada gente no entiende eso. Se ponen justo en sus manos al ser poco cariñosos, crueles, egoístas y desconsiderados con los miembros de su familia y al permitir que se destruyan los vínculos familiares solo porque creen que tienen el derecho de hacerlo. Esta batalla por nuestra familia es una que debemos ganar. Perder esta batalla produce demasiadas víctimas.

Esta primera batalla familiar en la Biblia fue entre dos hermanos. Un hermano, Abel, hizo lo bueno y adoró a Dios de la manera en que Él le pidió que lo hiciera. El otro hermano, Caín, no lo hizo. Debido a eso, Abel tuvo la aprobación de Dios, pero Caín no. Caín se puso celoso de Abel y del favor que tenía de Dios, y pensó que la única manera de resolver el problema era asesinando a su hermano.

Dios le preguntó a Caín por qué estaba enojado con Abel cuando sabía que si hacía lo bueno también tendría el favor de Dios. Le dijo: «Si haces bien, ¿no serás aceptado? Y si no haces bien, el pecado yace a la puerta y te codicia, pero tú debes dominarlo» (Génesis 4:7, LBLA). Tenemos que recordar que el pecado nos espera a la puerta a todos. El enemigo siempre pone trampas para que tropecemos al tentarnos a desobedecer a Dios. Aun así, *tenemos una opción. Podemos dominarlo.* Caín *no* dominó su tentación al pecado, por lo que su castigo fue severo y afectó a toda su familia. Lo mismo es con nosotros. Cuando en la familia tenemos un miembro que es difícil, no debemos ir a la batalla en *su* contra. Debemos buscar a Dios y orar por esa persona para que llegue a reconocer la verdad de Dios.

Por ejemplo, los celos siempre han sido satánicos desde su origen. Lucifer estaba celoso de Dios y eso lo llevó a su caída. Nunca llegaremos a ser lo que Dios quiso que fuéramos si permitimos que los celos residan en nosotros. Si estás celoso de alguien, rechaza la influencia del enemigo, confiésalo a Dios y pídele un cambio de corazón. Si alguien está celoso de *ti*, ora para que Dios quebrante esa fortaleza y abra los ojos ciegos a la verdad del poderoso amor de Dios que da sanidad, restauración y bendiciones incontables.

No permitas que el enemigo gane la guerra en tu familia. Solo por el hecho de que la gente llega a estar bajo la influencia del enemigo y puede actuar como el diablo, tu verdadero enemigo es el maligno. El enemigo trabaja a través de otros que a menudo ni siquiera saben que les están utilizando. Los tienta a través de sus propios deseos malignos y ellos siguen sus órdenes. Si tu familia está rota de cualquier manera, entiende que esa no es la voluntad de Dios. Es el plan del enemigo. Si ya te ocurrió la destrucción de importantes relaciones de familia, ora para que la gente involucrada vea la mano del enemigo en esto y lo resista recurriendo a Dios. Si se niegan, déjalos en las manos de Dios. Él tiene medios de persuasión mucho más eficaces que los tuyos.

El enemigo quiere que el pecado reine en nuestra vida

Cuando Jesús estaba a punto de ser arrestado y sentenciado a morir, les dijo a sus discípulos: «No hablaré ya mucho con vosotros; *porque viene el príncipe de este mundo, y él nada tiene en mí*» (Juan 14:30). Satanás no tenía nada en Jesús porque Jesús no tenía pecado. Eso demuestra que el enemigo puede tener algo *en nosotros* si le damos lugar en nuestra mente, nuestras emociones, nuestra actitud o nuestra voluntad. Si hacemos caso omiso del Dios vivo, el enemigo puede ganar una posición en nuestra vida. No puede poseernos porque el Espíritu de Dios está en nosotros y *Él* nos posee, pero el enemigo puede hacer que perdamos nuestra estabilidad y que nos apartemos del camino que Dios tiene para nosotros. Puede atrasar las bendiciones que Dios espera darnos hasta que recuperemos el buen juicio y volvamos por completo a Él. No te pongas en línea con el enemigo al permitir que el pecado permanezca en tu vida.

Al predecir su muerte en la cruz, Jesús dijo: «Ahora el príncipe de este mundo será echado fuera. Y yo, si fuere levantado de la tierra, a todos atraeré a mí mismo» (Juan 12:31-32). Lo que Jesús logró en la cruz derrotó al enemigo. Y el enemigo no puede evitar que elevemos a Jesús en nuestro corazón.

En otro ejemplo del engaño del enemigo, el apóstol Pedro confrontó a un hombre llamado Ananías por retener el dinero de un terreno que vendió y que prometió dárselo al Señor. Pedro dijo: «Ananías, ¿por qué llenó Satanás tu corazón para que mintieses al Espíritu Santo, y sustrajeses del precio de la heredad? Reteniéndola, ¿no se te quedaba a ti? y vendida, ¿no estaba en tu poder? ¿Por qué pusiste esto en tu corazón? *No has mentido a los hombres, sino a Dios*» (Hechos 5:3-4).

Satanás puso el engaño en el corazón de Ananías, y él pecó al mentirles a los apóstoles y, por lo tanto, a Dios. El resultado fue que Ananías murió de repente. Todo lo que se requiere es lo que parece un pequeño pecado para que se convierta en consecuencias mayores.

Cada pocos meses, recibo un envío de un suplemento alimenticio con vitaminas. Viene con un empaque protector, hecho de plástico transparente, que es impenetrable para las manos humanas. No hay manera de que alguien rompa ese sello sin alguna clase de instrumento afilado. Créeme, lo he intentado. Sin embargo, he descubierto que si al menos puedo hacerle un agujerito con una aguja muy pequeña, he ganado la batalla. Ese agujero diminuto debilita todo el paquete lo suficiente que me permite destruir por completo la barrera protectora.

Eso es lo que ocurre cuando le damos cabida hasta el pecado más pequeño en nuestra vida. (En efecto, no creo que Dios considere diminuto algún pecado). Todo lo que se requiere es permitir que el enemigo obtenga incluso la abertura más diminuta en nuestro corazón a través del pecado, y puede poner un pie en la puerta de nuestra vida. Aunque el enemigo *no puede* penetrar en la barrera protectora de la sangre de Cristo, *puede* obtener acceso a nuestro corazón y nuestra mente, si permitimos lo que podríamos pensar que es el pecado más pequeño sin confesión ni arrepentimiento ante Dios.

Queremos poder decir, al igual que Jesús, que «el príncipe de este mundo [...] nada tiene en mí». El enemigo solo puede tener un camino de entrada a nuestra vida si le damos una abertura. Pablo nos instruyó a que no le diéramos «lugar al diablo» (Efesios 4:27). La manera en que le damos lugar al diablo es al desobedecer a Dios de cualquier manera. Al hacer un ídolo de algo que el enemigo nos pone delante. Al no alejarnos de la tentación en el primer momento que se nos presenta. La cultura que trata de suprimir a Dios al retener información acerca de Él está destinada a la destrucción. El mal se incrementa a medida que disminuye el conocimiento de Dios.

Jesús «se dio a sí mismo por nuestros pecados *para librarnos del presente siglo malo*, conforme a la voluntad de nuestro Dios y Padre» (Gálatas 1:4). El enemigo de Dios domina la actual época maligna, pero Jesús nos ha rescatado a los que creemos en Él de todo el poder del enemigo. Cuando recibimos a Jesús en nuestro corazón, salimos del dominio del enemigo y de esta época maligna actual. Eso significa que nos libró de todo lo que nos separa de Dios y que nos impide avanzar hacia todo lo que Él tiene para nosotros.

Concéntrate en la bondad de Dios, no en la obra del enemigo

No trates de entender todas las cosas malas que el enemigo hace fuera de lo que te dice la Biblia. No tienes que hacerlo. Se nos instruye que seamos «sabios para el bien, e ingenuos para el mal. Y *el Dios de paz aplastará en breve a Satanás bajo vuestros pies*» (Romanos 16:19-20). Tienes que saber quién es tu enemigo y cuál es su intención, pero no tienes que hacer hincapié en sus obras malignas, a menos que el Espíritu Santo te haga consciente de algo por lo que quiere que ores. Eso no significa no hacer nada. Demasiada gente piensa: *No tengo que hacer nada porque Dios se encargará de todo por mí.* Eso no es cierto. Dios nos da el libre albedrío y se nos juzga por lo que decidimos hacer como respuesta a lo que Él dice. Dios nos manda que oremos. ¡Fervientemente! ¡Sin cesar! No creas que el enemigo no puede ganar algunas batallas si no hacemos lo que Dios nos instruye que hagamos. Él *puede* y lo *hará*. El enemigo ha engañado a demasiados creyentes al pensar que no tienen que orar o que sus oraciones no tienen poder. Dios nos ha dado una opción. Él ha determinado que tengamos una voluntad y nosotros decidimos lo que *haremos* o *no haremos*. *¿Adoraremos* o *no* adoraremos a Dios? ¿Usaremos o *no* usaremos la Palabra de Dios como nuestra arma espiritual en contra del reino de las tinieblas? *Nosotros* lo decidimos. Cuando alineamos *nuestra voluntad* con la *voluntad de Dios*, es cuando vemos que el enemigo retrocede. Por supuesto que el enemigo quiere evitar que eso ocurra. Quiere distraerte, engañarte, desanimarte y destruirte para que los propósitos de Dios para tu vida nunca se cumplan.

¿Alguna vez te ha parecido que algo siempre viene para derrotarte? Si es así, lo más probable es que el enemigo esté tratando de agotar tu paciencia y conseguir que te apartes del camino que te lleva al cumplimiento del plan de Dios para tu vida. Recuerda que si pierdes tu trabajo, si te enfermas, o una relación de repente se desintegra, o parece que tu mundo se derrumba por cualquier razón, Dios todavía está en el trono. Puedes estar devastado, pero Él no. Dios todavía ve su propósito supremo para ti y su plan para tu vida, aunque tú no puedas verlo en ese momento. Tienes un buen futuro, pero eso no pasa por casualidad. Tienes un enemigo que quiere robarse tu futuro. No permitas que eso ocurra. Conviértete en el guerrero de oración que Dios te llama a ser y pelea por eso.

Mira lo que ha pasado en nuestras escuelas, lugares de trabajo, vecindarios, matrimonios, hijos, finanzas y gobiernos. El enemigo se ha instalado en ellos mientras estamos dormidos o cambiando canales, y ha erigido fortalezas enormes a nuestro alrededor. No permitas que el enemigo tenga un centímetro más de terreno. No le des «lugar al diablo» de ninguna manera, ni siquiera con tu propia inactividad (Efesios 4:27). Enfócate en Dios y en lo que Él te llama a hacer como su guerrero de oración.

El enemigo puede parecer fuerte, pero solo Dios es todopoderoso

El poder del enemigo es limitado, pero el poder de Dios es ilimitado. El enemigo no es todopoderoso. Solo Dios lo es. La única manera en que el enemigo tiene poder es porque la gente se lo da. La gente le da poder porque le hace creer que no existe. No te enfoques en lo fuerte que puede ser el enemigo. Enfócate en la fortaleza todopoderosa del Señor, para quien nada es imposible. El poder del Señor no tiene límites, excepto cuando nosotros le limitamos el acceso a nuestra vida.

En respuesta a los que no creen en la existencia del diablo, ¿por qué entonces Jesús vino a destruir las obras del diablo? ¿Por qué dijo Jesús: «El Espíritu del Señor está sobre mí, por cuanto me ha ungido para dar buenas nuevas a los pobres; me ha enviado a sanar a los quebrantados de corazón; *a pregonar libertad a los cautivos*, y vista a los ciegos; *a poner en libertad a los oprimidos*» (Lucas 4:18)? Jesús destruyó el poder del diablo, pero él todavía está aquí. Y estará aquí hasta el tiempo señalado por Dios para su destrucción.

Permanece bajo el amparo de la protección de Dios, la cual se ha asegurado con la sangre de Jesús. Así como la sangre de un cordero sobre los dinteles de los israelitas en Egipto los protegió cuando el Señor pasó sobre ellos para matar a todos los primogénitos de los egipcios, del mismo modo la sangre de Jesús sobre ti es poderosa para protegerte de los planes del enemigo.

El enemigo quiere destruir tu mente, tu salud, tu matrimonio, tus relaciones, tus hijos, tus finanzas, tu esperanza y la herencia que tienes en Cristo. La Biblia dice: «*Sed sobrios, y velad; porque vuestro adversario el diablo, como león rugiente, anda alrededor buscando a quien devorar*» (1 Pedro 5:8). Debes prepararte para sus intentos de devorar tu vida al estar alerta como guerrero de oración. Se nos instruye a tomar el reino de Dios por la fuerza porque esa es la única manera de quitárselo a un enemigo que se opone a nosotros a cada paso del camino. El enemigo llega y nos tienta para que nos apartemos de lo mejor que Dios tiene para nuestra vida. Sin embargo, Dios nos protege cuando acudimos a Él. El enemigo no está en todas partes. Solo puede estar donde le dan una abertura. El enemigo no lo sabe todo, y no sabe lo que piensas. Solo sabe lo que *dices*. Así que cuídate de lo que dices. Si dices: «Detesto mi vida y ya no quiero vivir», el enemigo te ayudará a recibir lo que dices que quieres. Si dices: «Todo lo puedo en Cristo que me fortalece», o «Te alabo, Jesús. Te alabo como Señor y Salvador, Liberador y Redentor», el enemigo es impotente y no puede hacer nada. El enemigo ni siquiera se acerca a ser tan poderoso como Dios. Solo Dios es todopoderoso.

La gente que rechaza la verdad de Dios será entregada a un espíritu de engaño.

A la gente se le da una opción cuando escucha la verdad de Dios. Y a los que no reciben la verdad los entregarán a un gran engaño. «El malvado vendrá, por obra de Satanás, con toda clase de milagros, señales y prodigios falsos. Con toda perversidad engañará a los que se pierden *por haberse negado a amar la verdad y así ser salvos.* Por eso *Dios permite que, por el poder del engaño, crean en la mentira.* Así serán condenados todos los que no creyeron en la verdad sino que se deleitaron en el mal» (2 Tesalonicenses 2:9-12, NVI).

Esto es algo serio.

Significa que el enemigo va a poder engañar seriamente y *continuamente* a cualquiera que rechace la verdad. «El Espíritu dice claramente que en los últimos tiempos algunos apostatarán de la fe, *prestando atención a espíritus engañadores y a doctrinas de demonios,* mediante la hipocresía de mentirosos que tienen cauterizada la conciencia» (1 Timoteo 4:1-2, LBLA). Esto lo vemos a cada momento.

¿Alguna vez te has preguntado cómo *puedes* ver la verdad de Dios con tanta claridad en cuanto a algo y hay quienes no pueden verla en absoluto? Esto sucede porque en algún momento *se optó* por rechazar la verdad de Dios y creer la mentira. Por lo que fueron entregados al engaño del enemigo. Esto no es solo una condición temporal hasta que recuperan la sensatez. Esto es una fortaleza enorme que requerirá de una liberación enorme por el Libertador, y que requerirá de un gran arrepentimiento y despertar por parte del engañado.

Antes de que viniera al Señor, busqué diversas prácticas ocultas y religiones tratando de encontrar un camino hacia Dios. Uno de esos supuestos caminos era una religión que creía que no había tal cosa como el mal en el mundo. El mal solo existía en tu mente. Por lo tanto, si te deshacías de todo el mal en tu mente, no habría mal en tu vida. ¡Perfecto! Podemos ver con claridad sus buenos resultados. En esa época, era una gran religión en Hollywood que usaba términos cristianos que significaban algo diferente. ¿Quién crees que fue el autor de esa religión? Sí, el mismo engañador. Si puede hacernos creer eso, puede lograr cualquier cosa que quiera a través de nosotros y hacernos creer que es una buena idea. Qué gran engaño el suyo. Esa religión tuvo mucho éxito hasta los famosos asesinatos de Manson en ese tiempo en Los Ángeles. Fueron tan impactantes que a la gente le costó creer que el impensable asesinato de siete víctimas inocentes estuviera solo en sus mentes. El espíritu del mal fue palpable y a la gente le costó negarlo.

Cuando llegué a conocer al Señor y por fin pude ver el mal por lo que es, fue algo *liberador*. Cuando comprendí por primera vez que Jesús destruyó el poder del enemigo, fue algo *fortalecedor*.

Debes conocer quién es tu enemigo. No puedes ser un *guerrero* de oración si no crees que hay, o que alguna vez *habrá*, una batalla. Si no crees que tienes un enemigo, te cegó a su existencia, justo de acuerdo a su plan. Tienes el poder de elegir la luz o las tinieblas. Los que eligen el mal camino nunca conocerán a Dios.

Sí, la gente puede darle lugar a un espíritu malo en su vida y ser engañados lo suficiente como para hacer su voluntad, y de esa manera ocurren cosas malas. No obstante, el futuro eterno de esa gente que hace esas cosas sin arrepentimiento ante Dios es toda una vida de separación de Él. Algunas personas no se dan cuenta que todo lo bueno de este mundo ocurre por la bondad de Dios. La separación de Dios no va a ser tan divertida como creen. *El enemigo de nuestra alma trata de oprimirnos.* Nos afligirá con situaciones o condiciones diseñadas para desanimarnos, desgastarnos, robarnos y destruirnos. Podría ser a través de situaciones externas que nos sobrevienen. Todos hemos visto la fuerza increíble de una inundación en las noticias. Tiene un poder destructor más allá de lo que alguna vez podamos imaginar. Cuando el enemigo entra con esa clase de magnitud destructora en nuestra vida, el poder del Señor levantará una barrera en su contra para que el enemigo sea impotente y no pueda hacer nada. «Ciertamente el enemigo vendrá como un río caudaloso, pero el espíritu del Señor desplegará su bandera contra él» (Isaías 59:19, RVC). ¡Alabado sea Dios por eso! «Pero fiel es el Señor, que os afirmará y guardará del mal» (2 Tesalonicenses 3:3).

Todo lo que Dios gobierna es bueno y puro. Todo lo que el enemigo gobierna es corrupto. Cuando ves personas que se odian entre sí, que se mienten las unas a las otras, que se tratan mal o que se esclavizan entre sí puedes saber con seguridad que el enemigo es el encargado. Cuando ves personas que mueren de hambre, que no tienen hogar o que sufren maltrato y no reciben ayuda de nadie, sabes que el enemigo es el encargado. Cuando ves personas indefensas asesinadas, destruidas por la enfermedad, perseguidas, acribilladas por la guerra, sabes que el enemigo es el encargado. Todo esto ocurre cuando la gente rechaza la verdad de Dios y permite que gobiernen las mentiras del enemigo.

Nuestras oraciones pueden cambiar eso.

Todos estamos relacionados, todos los creyentes. «Y de una sangre ha hecho todo el linaje de los hombres, para que habiten sobre toda la faz de la tierra; y les ha prefijado el orden de los tiempos, y los límites de su habitación» (Hechos 17:26). Dios se interesa en *todos*, incluso en la peor gente. Debemos orar para que los enemigos humanos se arrodillen con arrepentimiento ante Dios. De Dios depende el que responda esa oración o no.

Adán y Eva tuvieron dominio en la tierra, pero perdieron ese privilegio cuando el enemigo los engañó para que desobedecieran a Dios. Sin embargo, por Jesús, una vez más Dios nos ha dado el dominio en la tierra. «Los cielos son los cielos del Señor; pero la tierra la ha dado a los hijos de los hombres» (Salmo 115:16, LBLA). Los encargados somos nosotros, el enemigo no. Por lo que debemos avanzar y *estar* a cargo. Y eso ocurre cuando oran los guerreros de oración.

Oración para el
guerrero de oración

Señor, te agradezco por habernos dado todo lo que necesitamos para permanecer firmes en contra del enemigo de nuestra alma. Eres tú el «que nos da la victoria por medio de nuestro Señor Jesucristo» (1 Corintios 15:57). Te reconozco como mi Comandante y me someto a ti como tu siervo. Ayúdame a servirte en oración, como me pides que lo haga. Permíteme oponerme a los planes del enemigo en oración.

Ayúdame a entender siempre quién es mi enemigo y a poder reconocer con claridad su mano en todo. Sé que tú nunca nos das confusión, sino que puedes confundir al enemigo (1 Corintios 14:32). Cuando trate de ocasionar confusión en mi vida, te pido que traigas confusión en su campo cuando oro. Sé que el enemigo no se compara contigo, y que la única manera en que obtiene poder es engañando a la gente para que crea sus mentiras. Apártame de todo engaño.

Gracias, Señor, por protegernos a mí y a las personas por las que oro de la gente mala que sigue las órdenes del enemigo. Gracias, Jesús, porque podemos ser «librados de hombres perversos y malos» (2 Tesalonicenses 3:2). No permitas que tenga miedo cuando vea que el mal tiene éxito en sus planes terribles. Permíteme levantarme en contra del enemigo en oración, como me llamas a hacerlo.

Protégeme del pecado para que nunca permita que el enemigo tenga un espacio en mi vida. Quiero hacer solo lo que te agrada a ti y nunca hacer lo que quiere el enemigo. Sé que solo tú estás en todas partes. El enemigo no. Solo tú eres todopoderoso y lo sabes todo. Nada de eso es cierto del enemigo. Ayúdame a recordar siempre todas esas cosas.

Te lo pido en el nombre de Jesús.

Porque no tenemos lucha contra sangre y carne, sino contra principados, contra potestades, contra los gobernadores de las tinieblas de este siglo, contra huestes espirituales de maldad en las regiones celestes.

EFESIOS 6:12

4

ASEGÚRATE DE TU AUTORIDAD EN ORACIÓN

Una de las cosas más importantes de las que debes estar seguro como guerrero de oración es de tu autoridad en oración. Si no estás cien por cien seguro, el enemigo tratará de bombardearte con dudas. Algunas de sus palabras favoritas que susurra en tu mente serán: «No puedes orar». «Dios no oye tus oraciones». «¿Qué te hace creer que Dios te oirá?» «No tienes autoridad porque no eres lo bastante bueno». «Tus oraciones no pasarán del techo». «Dios no responde *tus* oraciones».

Esta clase de burla es una estrategia de ataque del enemigo, pero pueden acabarse en un instante cuando sabes sin duda alguna que estás en el Señor y de dónde viene tu autoridad. *Todos* necesitamos saber esto, de otra manera, estaremos siempre juzgándonos a nosotros mismos y nuestras oraciones y, al final, nos derrotarán y renunciaremos a orar en absoluto. No hay necesidad de eso. ¡No tiene que pasar nunca! Eso se debe a que la base de tu autoridad como guerrero de oración nunca cambia.

Tienes autoridad porque tienes a Jesús

Calificas como guerrero de oración por lo que hay en tu corazón, ¿lo recuerdas? La base de tu autoridad en oración es que recibiste a Jesús y tienes a *su Espíritu* en tu corazón. La Biblia dice que Jesús *«no es débil para con vosotros, sino que es poderoso en vosotros»* (2 Corintios 13:3). Dice de Jesús que «aunque fue crucificado en debilidad, vive por el poder de Dios. Pues también nosotros somos débiles en él, pero viviremos con él por el poder de Dios para con vosotros» (2 Corintios 13:4).

¿No es eso lo mejor? Aunque somos débiles, su Espíritu *en nosotros* nos hace fuertes.

Eso quita la presión porque no se trata de nosotros. Se trata de *Él*. Nunca se trata de nosotros. *Todo lo que tenemos, incluso nuestra capacidad de orar en poder, viene de Dios.* «No que seamos competentes por nosotros mismos para pensar algo como de nosotros mismos, sino que nuestra competencia proviene de Dios» (2 Corintios 3:5). Solo tenemos que orar según nos guía, y Él lo hace todo.

Debemos examinarnos y probarnos a nosotros mismos para ver si estamos en la fe, y lo hacemos al *leer la Palabra de Dios* (2 Corintios 13:5). Su Palabra en nuestros corazones, y su Espíritu Santo en nosotros que nos enseña a medida que leemos, nos ayudan a vivir como Dios quiere. A menos que nos hayamos descalificado a nosotros mismos con pecado de alguna clase, somos de Cristo, podemos ir ante Dios y orar en el nombre de Jesús, y *Dios siempre reconoce nuestra autoridad en oración porque somos uno de sus hijos.* Tenemos su ADN. Somos miembros de su familia y, como resultado, tenemos ciertos derechos y privilegios.

Cuando mis hijos eran pequeños y su padre y yo estábamos grabando en el estudio, en otras palabras, ocupados con el negocio familiar, ellos sabían que podían llamarnos a cualquier hora y nosotros siempre responderíamos su llamada de inmediato y sin vacilación. No aceptaríamos llamadas de otros porque no eran nuestros hijos. Tú eres uno de los hijos de Dios, y Él siempre responderá tus llamadas debido a eso.

La base de tu autoridad en la oración como guerrero de oración es que Jesús triunfó sobre el pecado, la muerte, el infierno y el poder maligno cuando sufrió y murió en la cruz y resucitó de los muertos. Debido a eso, Jesús está «*sobre todo principado y autoridad y poder y señorío*», lo cual se refiere a los gobernantes y las autoridades del reino invisible (Efesios 1:21). Hay una jerarquía de poderes malignos que no son visibles para nosotros, y avanzan sus planes y estrategias oscuros a través de estas fuerzas. Sin embargo, Jesús, cuyo poder es mucho más alto que el de las fuerzas malignas de las tinieblas, les dijo a los creyentes que envió que les había dado autoridad sobre «*toda fuerza del enemigo*» (Lucas 10:19). Ese poder se demuestra cuando entramos a la guerra espiritual y eso ocurre cuando oramos.

Recuerda que, cuando oras, la sangre derramada de Jesús y su resurrección son la base de tu autoridad sobre todo poder maligno. No tienes necesidad de ningún otro. El hecho de que recibiste a Jesús significa que todo lo que Él logró en la cruz se aplica a ti. Fuiste reconciliado con Dios de una vez por todas y te selló el Espíritu Santo *en* ti. La obra está concluida. Salir corriendo por miedo al enemigo es restarle importancia a lo que hizo Jesús. No digo que haya que andar con la gente mala. Lejos de eso. Evitarlos, de seguro. Aun así, puedes orar para que caigan de rodillas ante Dios y que sus influencias malignas se evaporen como la niebla a la luz del sol brillante. Cada vez que oras, haces brillar *la luz del mundo* sobre el mal, y el mal no puede existir *a la luz del Hijo*.

Jesús es la fuente de toda tu autoridad y poder. Cuando lo recibes, Él comparte esas dos cosas contigo. Eso quiere decir que tienes autoridad y poder en oración, basado en lo que Él logró. No dejes que nadie atenúe esto en tu mente y tu corazón. Ese es el fundamento básico de todo el cristianismo, y si permites cualquier otra cosa que no sea esto, construirás sobre una base débil y lo que construyas estará destinado a derrumbarse.

Construye sobre la base sólida que es en Cristo.

Es de suma importancia que *siempre seas consciente* de dónde viene tu autoridad en oración. Sin embargo, no solo que seas consciente, sino que debes estar *convencido por completo*, sin duda alguna. Porque si no sabes con seguridad dónde está tu autoridad, te engañarán para que pienses que estás orando con tu propio poder, o llegarás a temer que no tienes en lo más mínimo lo que se requiere para ser un guerrero de oración. La libertad y la seguridad de ser un guerrero de oración es *saber* que solo *Jesús* tiene lo que se requiere.

No tiene que haber duda en cuanto a eso.

Tener la autoridad adecuada es muy importante. Ni Jesús habló con su propia autoridad antes de que le crucificaran y resucitara de los muertos. Él dijo: «Yo no he hablado por mi propia cuenta; el Padre que me envió, él me dio mandamiento de lo que he de decir, y de lo que he de hablar [...] lo que yo hablo, lo hablo como el Padre me lo ha dicho» (Juan 12:49-50). *Nosotros* tampoco oramos con nuestra propia autoridad, sino con la autoridad que nos da el Señor.

Esto es algo de lo que tienes que estar siempre seguro, porque esa seguridad de tu autoridad en el reino espiritual significa que estás listo al instante, como guerrero de oración, cuando el Espíritu Santo impulsa tu corazón. Mantén tu mente enfocada en el Señor y no en el enemigo. Jesús dijo: «No os regocijéis de que los espíritus se os sujetan, sino regocijaos de que vuestros nombres están escritos en los cielos» (Lucas 10:20).

Esto es de suma importancia.

Tu nombre escrito en los cielos es un registro de tu autoridad en oración.

Toma posesión de lo que *Jesús* tomó posesión para *ti*. Pablo dijo: «Prosigo, por ver si logro asir aquello para lo cual fui también asido por Cristo Jesús» (Filipenses 3:12). Al asir todo lo que Jesús hizo te ayuda a entender tu autoridad en oración.

No puedes ganar las batallas que enfrentarás si no estás convencido de que tienes autoridad como guerrero de oración. Y te aseguro, esas batallas llegarán, ya sea que seas un guerrero de oración o no. Entonces, si *eres* un guerrero de oración, puedes tener la confianza de que tu autoridad está establecida por lo que logró Jesús. A continuación hay algunas de las cosas que Él hizo por ti que nunca debes olvidar.

Tienes autoridad por el nombre de Jesús

El nombre de Jesús por sí mismo te da la autoridad que no es posible que tengas sin una identificación legítima con Él.

No cualquiera puede usar el nombre de Jesús y que Él lo escuche. Jesús les ha dado la autoridad y el poder de usar su nombre solo a los que hemos establecido una relación con Él. Jesús dijo: «*Si algo pidiereis en mi nombre, yo lo haré*» (Juan 14:14). Él te ha dado el derecho de usar su nombre como autorización para llevar tu petición ante el trono de Dios. Él dijo: «*Todo cuanto pidiereis al Padre en mi nombre, os lo dará*. Hasta ahora nada habéis pedido en mi nombre; pedid, y recibiréis, para que vuestro gozo sea cumplido» (Juan 16:23-24). Esa es una promesa maravillosa, y su significado completo debe aferrarse en nuestra mente y nuestro corazón.

El nombre de Jesús es mayor que todos los demás nombres. «*Dios también le exaltó hasta lo sumo, y le dio un nombre que es sobre todo nombre*, para que en el nombre de Jesús se doble toda rodilla de los que están en los cielos, y en la tierra, y debajo de la tierra; y toda lengua confiese que Jesucristo es el Señor, para gloria de Dios Padre» (Filipenses 2:9-11). Debes tener esta verdad grabada en tu corazón y mente para que no te la roben.

No minimices lo que Jesús hizo por ti al cuestionar la autoridad que Él te ha dado para orar en su nombre.

La Biblia dice de ti y de mí: «¿Qué es el hombre, para que te acuerdes de él, o el hijo del hombre, para que le visites? *Le hiciste un poco menor que los ángeles, le coronaste de gloria y de honra, y le pusiste sobre las obras de tus manos; todo lo sujetaste bajo sus pies*» (Hebreos 2:6-8). No permitas que el enemigo te mienta en cuanto a esto. Tú sabes la verdad.

¿Y qué hizo Jesús por nosotros? Él «fue hecho un poco menor que los ángeles, está coronado de gloria y de honra, a causa de la muerte que sufrió. Dios, en su bondad, quiso que Jesús experimentara la muerte para el bien de todos» (Hebreos 2:9, rvc). Cuando Dios resucitó a Jesús de los muertos y lo sentó a su diestra, por encima de los poderes del mal, *su nombre fue elevado también muy por encima de «todo nombre que se nombra*, no sólo en este siglo, sino también en el venidero; y sometió todas las cosas bajo sus pies» (Efesios 1:21-22).

Ahora bien, ¡*eso* es autoridad!

Y Él nos da esa autoridad en su nombre a ti y a mí. Tenemos autoridad en oración como guerreros de oración por Él. No permitas que el enemigo te diga otra cosa. ¡*Tienes la autoridad!*

Tienes autoridad porque Jesús te rescató de la tiranía del mal

Dios «*nos ha librado de la potestad de las tinieblas, y trasladado al reino de su amado Hijo,* en quien tenemos redención por su sangre, el perdón de pecados» (Colosenses 1:13-14).

La palabra «trasladado» en términos de guerra tiene que ver con un ejército que capturaron y enviaron a otro lugar, muchas veces de un país a otro. Jesús nos capturó del reino de las tinieblas y nos trasladó a su reino de luz. Nos transfirieron del territorio enemigo hacia el reino de Dios. Esto se añade a la autoridad que se nos dio para permanecer firmes en oración en contra de los poderes de las tinieblas que quieren emprender la guerra en contra del reino de Dios y su pueblo, y llevarnos de regreso a la oscuridad.

Se te ha dado un lugar de autoridad sobre el mal. Debido a que «habéis recibido al Señor Jesucristo, *andad en él*; arraigados y sobre-edificados en él, y confirmados en la fe, así como habéis sido enseñados, abundando en acciones de gracias» (Colosenses 2:6-7). La Biblia dice que estamos «*completos en él, que es la cabeza de todo principado y potestad*» (Colosenses 2:10). Eso significa que tienes todo lo que necesitas en él.

Porque Jesús ha vencido al mundo, tú también puedes. Él dijo: «En el mundo tendréis aflicción; pero confiad, yo he vencido al mundo» (Juan 16:33).

Cuando los fariseos le preguntaron a Jesús cuándo vendría el reino de Dios, dijo: «El reino de Dios no vendrá con advertencia» (Lucas 17:20). En otras palabras, no lo encontraremos con la vista. El reino está *en* nosotros. Jesús dijo: «A ti te daré las llaves del reino de los cielos; y *todo lo que atares en la tierra será atado en los cielos; y todo lo que desatares en la tierra será desatado en los cielos*» (Mateo 16:19). Él nos da autoridad para hacerlo en oración. *¡Podemos detener cosas y soltar cosas!* ¿Puedes pensar en algo que quieras detener? ¿O soltar?

La sumisión al Rey nos da acceso al reino. El problema con nosotros es que a veces queremos bendiciones del reino, pero no queremos que las reglas del reino nos restrinjan. Incluso, queremos respuestas a nuestras oraciones sin orar mucho. En cambio, no podemos olvidar que Dios nos rescató y nos levantará para que nos sentemos «en los lugares celestiales con Cristo Jesús» (Efesios 2:6). ¡Yo digo que le debemos tremendamente! Lo menos que podemos hacer es orar como nos lo pide Él.

Tienes autoridad porque el Espíritu Santo está en ti

Jesús prometió enviar al Espíritu Santo a los que creen en Él, pero primero tenía que sufrir la crucifixión y resucitar. Tenía que triunfar sobre la muerte y el infierno, y revelarse como el Salvador perfecto. Antes de que todo eso ocurriera, Jesús les dijo a sus discípulos: «Os conviene que yo me vaya; *porque si no me fuera, el Consolador no vendría a vosotros*; mas si me fuere, os lo enviaré» (Juan 16:7). De nuevo se refería a su Espíritu Santo como el Consolador cuando dijo: «El Consolador, el Espíritu Santo, a quien el Padre enviará en mi nombre, él os enseñará todas las cosas, y os recordará todo lo que yo os he dicho» (Juan 14:26).

El Espíritu Santo en nosotros es la prueba de nuestra autoridad en oración.

Dios no podía enviar al Espíritu Santo antes de ese tiempo porque Él no puede morar en una vasija sin santificar. Somos santificados cuando recibimos a Jesús como nuestro Salvador, porque así Dios ve la justicia de Jesús en nosotros. Entonces, nos da el regalo de su Espíritu Santo para que Él more en nosotros. No me refiero a otros derramamientos del Espíritu Santo. Te digo lo que pasa cuando recibes a Jesús. Pablo dijo: «Nadie que hable por el Espíritu de Dios llama anatema a Jesús; y nadie puede llamar a Jesús Señor, sino por el Espíritu Santo» (1 Corintios 12:3).

El Espíritu Santo en nosotros es la prueba de que somos de Dios. Por Él, Dios nos *confirma*, nos *unge* y nos *sella*. «Dios el que nos confirma con ustedes en Cristo, y es Dios el que nos ha ungido, y es Dios el que también nos ha marcado con su sello, y el que, como garantía, ha puesto al Espíritu en nuestros corazones» (2 Corintios 1:21-22, RVC). Qué regalo más sorprendente.

La palabra «garantía» se suele usar en el contexto de un término comercial que significa dinero dado en anticipación como depósito, antes de que el resto se pague por completo. El Espíritu Santo en nosotros es el depósito de sí mismo como adelanto del cumplimiento de nuestro futuro con Él, tanto en esta vida como en la venidera por la eternidad. Y no solo eso. El Espíritu Santo *en* nosotros nos faculta para ser lo que Dios quiere que seamos y que hagamos lo que quiere que hagamos.

Antes de su crucifixión, Jesús les dijo a sus discípulos que el Espíritu Santo es «el Espíritu de verdad, al cual el mundo no puede recibir, porque no le ve, ni le conoce; pero vosotros le conocéis, porque mora con vosotros, y *estará en vosotros*» (Juan 14:17). Debido a que Él está en nosotros, nos ayuda a orar. El Espíritu Santo también «nos ayuda en nuestra debilidad; pues qué hemos de pedir como conviene, no lo sabemos, pero el Espíritu mismo intercede por nosotros con gemidos indecibles» (Romanos 8:26). Nunca oras por tu cuenta porque tienes al Espíritu Santo que te ayuda. Nunca estás sin ayuda en cuanto a *cómo* orar porque Él te ayudará cuando se lo pidas.

Todo esto significa que tienes todo lo que necesitas para ser un poderoso guerrero de oración.

Tienes autoridad porque te llamaron

Cuando a un soldado lo llaman a servicio, le dan una tarea específica. Tiene la autoridad de hacer lo necesario para llevar a cabo dicha tarea. Cuando te llaman a orar, tienes autoridad completa para llevar a cabo esa tarea de Dios. El problema es que muchos son llamados, pero *no* muchos escuchan. Tú *estás* escuchando.

Debes superar cualquier duda que tengas sobre ti mismo como guerrero de oración. Tienes el corazón. Tienes la autoridad dada por Dios. Tienes el deseo de agradar a Dios. Y tienes algo más también. Tienes el llamado de Dios en tu vida.

Tienes el llamado a muchas cosas, y ser un guerrero de oración es una de ellas.

Ser un guerrero de oración tiene que ver con la *intercesión*. Ahora bien, no permitas que esa palabra llegue a ser tan lacónica como se cree. Podría parecer una palabra aburrida, pero significa algo muy emocionante. Tengo una buena analogía que escribí en otro libro sobre el tema de la oración con otras personas, pero ilustra con mucha claridad lo que es la intercesión que vale la pena repetirla brevemente aquí.

En el juego de fútbol americano, el mariscal de campo lanza la pelota al receptor en el campo, quien está en posición para atraparla y correr hacia la línea de gol de su equipo para una anotación. Parece que nada puede detenerlo; es decir, hasta que alguien del otro equipo se lanza frente al receptor y atrapa la pelota en su lugar. *Intercepta* la pelota y corre con ella en *dirección opuesta* a la línea de gol de su equipo y anota para el lado de *su* equipo.

Eso es justo lo que hace la oración intercesora. Y eso es lo que haces como guerrero de oración. Ves que una situación se dirige en la dirección equivocada y te lanzas para interceptar esa situación en oración y tomas la dirección opuesta para una victoria en el lado de Dios, el equipo en que *tú* estás.

Hay muchas cosas que Dios quiere hacer en la tierra y en la vida de la gente, pero si alguien no se lanza y responde al llamado de orar, no sucederán.

Lo que Dios vio en Israel antes de la época de Jesús fue que proliferaban el engaño, la injusticia y la opresión. Estaba molesto porque no había nadie que orara, y *«se asombró de que no hubiera quien intercediera»* (Isaías 59:16, LBLA).

Más tarde, Dios vuelve a ver la maldad de Israel, donde incluso los profetas, los sacerdotes y los líderes religiosos oprimían, robaban y maltrataban al pobre y al necesitado. Dios dijo: «Busqué entre ellos alguno que *levantara un muro* y *se pusiera en pie en la brecha* delante de mí a favor de la tierra, para que yo no la destruyera, *pero no lo hallé*» (Ezequiel 22:30, LBLA).

«Levantara un muro» significa reparar una rajadura en la barrera protectora que estropeó el enemigo. La brecha es la separación entre

Dios y el hombre, donde el intercesor tiende un puente. Dios quería que alguien se parara en esa brecha ante él, en nombre de Israel, y que orara para que se reparara la brecha. No hubo nadie que interviniera e interceptara esa situación en oración, por lo que Dios se vio obligado a llevar juicio a la nación.

Lloro cada vez que leo ese pasaje. Qué tremendamente triste fue que nadie escuchara el llamado de Dios a la oración y así viniera el desastre a la tierra. (¿Te acuerdas de que hablé en el primer capítulo acerca de las mujeres que oraban en las fallas geológicas?) Y cada vez que recuerdo este pasaje oro: «Querido Señor, por favor, no permitas que nosotros seamos como ellos. Ayúdanos a escuchar tu llamado a la oración». Cómo debe entristecer a Dios cuando Él quiere hacer tanto a través de nosotros, y estamos tan preocupados o distraídos para oír su llamado a interceder. ¿Cuántos desastres nos *han* ocurrido y nos *ocurrirán* porque no oramos?

Orar por alguien, o por ciertas personas, o en este caso, por todo un país, significa que nos presentamos ante Dios en nombre de ellos. Eso es intercesión. Cuando Dios dice: «Preséntate ante mí en la brecha en nombre de cierta gente», ¿cómo podemos decir que no? El enemigo quiere destruir los muros protectores en cada parte de nuestra vida y en la vida de otros, pero nosotros podemos restaurar cualquier brecha que hiciera el enemigo cuando interceptamos esa situación en oración.

Cada guerrero de oración es un intercesor.

El trabajo crucial de un intercesor es presentarse ante Dios en nombre de otra persona o alguna situación que afecta a los demás, así como a nosotros mismos y a los miembros de nuestra familia. *Cuando oramos, podemos conectar las necesidades de otros con el derramamiento de la misericordia de Dios.* El llamado de Dios es para ti y para mí, guerreros de oración, a que nos paremos en la brecha donde el enemigo ha tratado de destruir nuestros matrimonios, familias, vida, salud, iglesias, gobierno, finanzas, esperanzas y propósito.

Ser un guerrero de oración es un llamado supremo; el llamado en sí confirma tu autoridad para hacerlo.

Pablo oró por los efesios para que Dios les diera «espíritu de sabiduría y de revelación en el conocimiento de él» (Efesios 1:17). Quería que los ojos de su corazón se les iluminaran, a fin de que pudieran saber *«cuál es la esperanza de su llamamiento [...] la gloria de su herencia»* y *«cuál es la extraordinaria grandeza de su poder para con nosotros los que creemos»* (Efesios 1:18-19, lbla). Parte de nuestra herencia es nuestro llamado a ser intercesores de Dios.

Para recibir una herencia, tiene que haber un testamento. Para que se ejecute un testamento, la persona que hizo el testamento tiene que morir. «Donde hay testamento, es necesario que intervenga muerte del testador. Porque el testamento con la muerte se confirma; pues no es válido entre tanto que el testador vive» (Hebreos 9:16-17). Sin embargo, Jesús ya murió por nosotros, por lo que los términos de su testamento se cumplen ahora.

A los que recibimos a Jesús nos consideran llamados. No somos llamados debido a que *seamos* grandiosos. Somos llamados porque *Él* es grandioso. Dios no llama a la gente sabia y poderosa según el mundo (1 Corintios 1:26). «Lo débil del mundo escogió Dios, para avergonzar a lo fuerte» (1 Corintios 1:27). Dios escogió «lo que no es, para deshacer lo que es» (1 Corintios 1:28).

¿Ves lo que eso significa? Significa que podemos decirle que todas las razones no son suficientes, y Él dice: «Justo por eso es que te escogí». La razón es que Él quiere «que nadie pueda jactarse en su presencia» (1 Corintios 1:29, rvc). En otras palabras, no podemos atribuirnos el mérito por algo que hace Dios. Entonces, si te sientes débil y ves todas las razones por las que crees que no puedes ser un poderoso guerrero de oración, alégrate porque tendrás que depender del poder de Dios que obra a través de ti. Y es allí precisamente donde te quiere Dios: incapaz de ser orgulloso o de pensar que lo lograste. Más bien, quiere que estemos convencidos por completo de que no podemos hacer nada sin Él.

¿Por qué quiere Dios toda la gloria? No es que sea un ególatra. Es porque Él es Dios y nosotros no. Además, quiere que tengamos esto muy claro. Vimos en ejemplos anteriores cómo el orgullo nos hará tropezar y caer más lejos de lo que puede hacer cualquier otra cosa.

Tus dones y tu llamado no son un asunto pequeño para Dios. «Los dones y el llamamiento de Dios *son* irrevocables» (Romanos 11:29, RVC). Eso significa que Dios no los anula. Aun así, *podemos* perder nuestra unción especial de Dios al usarlos cuando somos desobedientes sin corazón arrepentido. Nunca minimices, devalúes, ni des por sentada la unción del Señor sobre ti, los dones que Él te ha dado, ni su llamado en tu vida. Siempre ten presente que «fiel es el que os llama, el cual también lo hará» (1 Tesalonicenses 5:24). Eso significa que Él te capacitará para que seas el poderoso guerrero de oración que te llama a ser.

Tienes autoridad porque te perdonaron

El ser perdonado no es algo insignificante. Ser limpio y redimido a través de la sangre de Jesús que se derramó en la cruz por ti significa que te perdonaron todos tus pecados del pasado *antes* de que lo recibieras a Él. Y ahora puedes *arrepentirte y confesar* cualquier pecado posterior ante Dios, y encontrar perdón (Efesios 1:7). Eso significa que el enemigo no tiene nada en ti, a menos que se lo permitas al creer sus mentiras condenatorias en lugar de la Palabra de Dios. Jesús rompió la capacidad del enemigo de mantenerte en cautiverio porque ya no estás separado de Dios (Efesios 4:8-10).

Eres una persona nueva, por lo que el enemigo no puede echarte en cara el pasado. No puede decir: «Mira lo que hiciste. No tienes autoridad sobre mí». Al enemigo le encanta derribarte con condenación y, por lo tanto, volverte impotente. No obstante, «*si alguno está en Cristo, nueva criatura es*; las cosas viejas pasaron; he aquí todas son hechas nuevas» (2 Corintios 5:17).

No permitas que el enemigo te diga que no tienes derecho de orar ni de esperar que Dios te responda porque eres imperfecto o porque has fallado. Esas palabras no son de Dios que te da revelación para tu vida. Son las palabras del enemigo de tu alma que espera desanimarte, humillarte y destruirte. Si tienes algún pecado sin confesar en tu vida, confiésalo con un corazón arrepentido delante de Dios. Aparte de eso, cuando el enemigo trate de disuadirte de orar, agradécele de forma deliberada a Dios porque tu autoridad en oración no depende de que seas perfecto. Se debe a lo que Jesús logró a la perfección en la cruz y *Él* es perfecto. Cuando el enemigo trate de debilitarte, en lugar de eso, *debilítalo* con declaraciones de adoración al Señor.

Podemos estar seguros todos los días de que la guerra ya se ganó por lo que Jesús hizo en la cruz. Él aseguró nuestra victoria en su triunfo sobre la muerte y el infierno. A pesar de eso, todavía hay que combatir en la guerra. Está en marcha ahora. Cada batalla es importante. Sin embargo, Jesús prometió: «He aquí yo estoy con vosotros todos los días, hasta el fin del mundo» (Mateo 28:20). Él dijo: «No te desampararé, ni te dejaré» (Hebreos 13:5). Después que resucitó, Jesús dijo que toda la autoridad se le había dado en el cielo y en la tierra (Mateo 28:18). Y Él nos delega autoridad para que oremos en su nombre.

El plan del enemigo es hacer que dudes de esa autoridad y de todo lo que Dios dice de ti. Aun así, recuerda que Jesús resucitó de los muertos, reina en poder sobre la muerte y el infierno, y se derrama en nosotros los que creemos en Él. Jesús es la fuente de nuestra fortaleza mientras nos preparamos para la guerra espiritual. Nos revela nuestro propósito y nos permite desplazarnos hacia él. Nos capacita. Además, Él nunca *se acaba* ni se *seca* porque es un pozo profundo del que podemos sacar agua viva a cada momento. *Dios es capaz de hacer más de lo que pudiéramos pensar pedirle* por el poder de su Espíritu que obra *en* nosotros.

Cuando comprendes tu autoridad en la oración, pasarás de solo tener una *vida con oración* a disfrutar una *vida de oración* dinámica y emocionante. Y eso siempre es algo bueno.

Oración para el Guerrero de Oración

GRACIAS, Jesús, porque debido a que te recibí soy hijo de Dios. Gracias porque pagaste el precio para que sea limpio de todo pecado. Te agradezco porque estás sentado a la diestra de nuestro Padre Dios e intercedes por mí porque creo en ti y recibí a tu Espíritu en mi corazón. Gracias porque ahora soy heredero contigo de todo lo que nuestro Padre celestial tiene para sus hijos. Gracias por darme autoridad para orar en tu nombre y para saber que escuchas y responderás mis oraciones, de acuerdo a tu voluntad y a tu tiempo.

Te pido que tú, mi fuente de esperanza, consueles mi corazón y me establezcas en tu Palabra y en el trabajo al que me llamaste (2 Tesalonicenses 2:16-17). Ayúdame a resistir todos los intentos del enemigo de restarle importancia a la autoridad que me diste en oración, por tu victoria sobre la muerte y el infierno en la cruz. Ayúdame a recordar siempre el poder de orar en tu nombre, el regalo de tu Espíritu Santo en mí, el llamado que tienes para mi vida y el hecho de que me perdonaste de todo pecado, a fin de que el enemigo no pueda encontrar nada en mí.

Señor, ayúdame a ser el guerrero de oración más eficiente posible. Enséñame a entender la autoridad que me diste en oración. Permíteme usar esa autoridad para derribar fortalezas que el enemigo intentaría erigir en mi vida y en la vida de otros que tú pones en mi corazón. No permitas que dude que estoy calificado para hacer esto porque solo *tú* me das todo lo que necesito para orar con poder. Recibo órdenes de ti y de nadie más. Tengo autoridad porque te tengo a ti.

Permíteme, Espíritu Santo, escuchar siempre tu llamado a orar. Enséñame a descansar por completo en la autoridad que me diste como tu guerrero de oración.

Te lo pido en el nombre de Jesús.

Mirad que nadie os engañe por medio de filosofías y huecas sutilezas, según las tradiciones de los hombres, conforme a los rudimentos del mundo, y no según Cristo. Porque en él habita corporalmente toda la plenitud de la Deidad, y vosotros estáis completos en él, que es la cabeza de todo principado y potestad.

COLOSENSES 2:8-10

5

PREPÁRATE PARA SER
TODO LO QUE PUEDES SER

Todo buen soldado sabe que debe tener la mejor condición posible, de manera física, mental y emocional.

Les tengo un gran respeto y admiración a todos los hombres y mujeres del ejército y a lo duro que se preparan y trabajan. Su valentía me sorprende. Soportan situaciones peligrosas y difíciles, y algunos enfrentan batallas todos los días para proteger a su país y liberar a la gente oprimida. Los envían lejos y viven largas separaciones de sus seres amados. Estoy más que agradecida con ellos por sus sacrificios. En ninguna época de mi vida podría comenzar a hacer lo que ellos hacen. Si hubiera dependido de mí, los Estados Unidos se habrían rendido a Hawái hace muchos años.

Por mucho tiempo me ha impresionado lo duro y extenso que los SEAL [por su acrónimo en inglés de los equipos Mar, Aire y Tierra de la Armada de los Estados Unidos] de la Marina entrenan y se acondicionan. Su experiencia es asombrosa. (De ninguna manera quiero dar a entender que otras ramas del ejército no hagan esto también. Solo es que he leído lo suficiente de esta como para saber algo de lo que hace). En primer lugar, un hombre no se despierta un día, decide ser un SEAL de la Marina y, luego, *es* uno. Tiene que demostrar que es capaz, adecuado, excelente y excepcional. Tiene que entrenar, practicar y trabajar muy terriblemente duro para llegar a ser muy fuerte, sagaz, capaz, conocedor, experto y preparado.

Los SEAL de la Marina llevan su acondicionamiento al extremo para lograr lo que parece humanamente imposible. Las cosas audaces que hacen van más allá de la imaginación de la gente. Su entrenamiento es brutal y su nivel de capacidad es el más alto. Lo fuerte que es su cuerpo va mucho más allá de lo que cualquiera de nosotros, que no estamos en el ejército, podría comenzar a tolerar. No solo entrenan su cuerpo, sino también su mente y sus emociones. Cuando tienen una tarea, planifican cada contingencia posible. No pueden darse el lujo de cometer errores cuando están en una misión. Trabajan juntos como equipo, siempre se cubren las espaldas y las vidas entre sí, y confían por completo los unos en los otros.

Dios quiere que nos preparemos para la guerra espiritual de manera tan diligente como lo hacen estos dedicados y valientes soldados. Él quiere que estemos en plena forma. Sin embargo, nuestro entrenamiento no es tan doloroso. No es tan difícil. Y nos da grandes recompensas.

A continuación se presentan los aspectos más importantes que todos necesitamos hacer con el fin de mantenernos en buen estado. No tienes que hacer todo esto a la perfección *antes* de llegar a ser un buen guerrero de oración. Llegas a ser un guerrero de oración cuando comienzas a orar con una razón de ser. Aun así, tus oraciones serán más poderosas y libres de obstáculos cuando estés en una condición óptima: de manera física, mental, emocional *y espiritual.*

Pasa tiempo con Dios en oración

Parte de llegar a ser todo lo que Dios quiere que seamos es pasar tiempo con el Señor en oración, solo para estar con Él y ser renovado con su presencia. La comunicación de Jesús con su Padre Dios era constante. Allí es donde Él recibía su poder. Es el mismo poder que Él tiene para nosotros cuando vamos a nuestro Padre Dios en su nombre. Se nos faculta, al igual que a Jesús, por el Espíritu Santo a través de la oración.

Nuestra relación con nuestro Padre Dios debe ser de amor, anhelando estar con Él, de la misma manera que fue con Jesús y su

Padre celestial. Jesús no solo pedía cosas. Él quería caminar y hablar con Dios, y estar en su presencia. Así como disfrutamos la presencia de alguien a quien amamos, también disfrutamos al estar en la presencia de Dios porque lo amamos y percibimos su amor por nosotros. Dudo que a Jesús le *hubiera costado* levantarse para orar. Él se sentía atraído a hacerlo por el amor mutuo.

Yo me siento atraída a orar a mi Padre celestial en el nombre de Jesús porque no puedo vivir sin percibir su presencia en mi vida. Hay una necesidad en cada una de nuestras almas que no puede llenarse con cualquier otra cosa que no sea Dios. Él nos da su Espíritu cuando recibimos a Jesús, pero espera que lo busquemos para que nos vuelva a llenar cada día. No se trata de que el Espíritu Santo se ponga débil en nosotros; se trata de que nosotros nos debilitamos si Él no nos renueva con frecuencia. Él no nos deja ni nos abandona. Nosotros *lo* dejamos o lo abandonamos. Nosotros somos los que debemos ser renovados en Él cada día. La manera en que suplimos las necesidades espirituales que tenemos, y todos las tenemos, ya sea que las reconozcamos, las distingamos o no, es a través del tiempo con nuestro Padre celestial en oración.

Todos tenemos sentimientos, emociones y pensamientos humanos. Si no pasamos tiempo con el Señor, estos nos dominan. En cambio, cuando pasamos tiempo con Dios, nuestra falta de perdón, duda, lujuria, odio, ansiedad y tristeza se convierten en perdón, fe, pureza, amor, paz y gozo. Cuando nos deleitamos en el Señor, Él nos concede los deseos de nuestro corazón. Cuando *le entregamos nuestro camino al Señor* y ponemos en Él nuestra confianza, Él hace que se cumplan nuestros deseos a medida que oramos en cuanto a esto (Salmo 37:4-5).

Vive de una manera que agrade a Dios

Para vivir de una manera que agrade a Dios, debes tener una meta de por vida a fin de entender con exactitud lo que le agrada a Él. No podemos confiar en nuestras conjeturas, herejías o cuentos de viejas. (Ni siquiera sabemos quiénes son estas viejas).

La primera manera de agradar a Dios es guardando sus mandamientos y leyes. Por eso es que la mayor parte de tu preparación para ser todo lo que Dios quiere que seas es llegar a ser cada vez más sólido en su Palabra. Eso significa leer algo de la Biblia todos los días. Por eso es que si no lo hacemos, nos volvemos negligentes. Perdemos el control. Cuando la Palabra llega a estar distante de nosotros, nos distanciamos de Dios.

Pablo dijo: «Es necesario que prestemos más atención a lo que hemos oído, no sea que perdamos el rumbo» (Hebreos 2:1, NVI®). No podemos permitir que nuestro corazón se desvíe de las cosas de Dios porque de seguro lo hará. Somos así. Nuestra naturaleza es egoísta. Si no nos centramos en Dios todos los días, andaremos sin rumbo enfocándonos en nosotros mismos. El corazón de un guerrero de oración es fuerte, sólido y lleno de fe. La Palabra de Dios que se le inculca todos los días lo hace de esta manera.

La Palabra de Dios es viva. Cuando vivimos en ella y dejamos que viva en nosotros, nos da más vida. Debido a que la Biblia está inspirada por el Espíritu Santo, a medida que la lees, el Espíritu Santo hace que cobre vida en tu mente y tu alma. Cada vez que la leas, Él le infundirá más entendimiento a tu espíritu. Esto no sucede a menos que una persona nazca de nuevo de manera espiritual. Eso se debe a que el Espíritu Santo nos da el entendimiento espiritual que no teníamos antes de que se abrieran nuestros ojos espirituales.

La Palabra de Dios es poderosa «y más cortante que toda espada de dos filos; y penetra hasta partir el alma y el espíritu, las coyunturas y los tuétanos, y discierne los pensamientos y las intenciones del corazón» (Hebreos 4:12). Revela las discrepancias entre tu alma y tu espíritu, en caso de que tu espíritu quiera obedecer a Dios y tu alma no. Sin embargo, no solo debemos *leer* la Palabra; debemos *vivirla*. Pablo dijo: «No son los oidores de la ley los justos ante Dios, sino los hacedores de la ley serán justificados» (Romanos 2:13).

Otra cosa que agrada a Dios es tu amor por Él. Jesús igualó el guardar los mandamientos y las leyes con amarlo. Dijo: «Si alguno me ama, guardará mi palabra; y mi Padre lo amará, y vendremos a él, y haremos con él morada» (Juan 14:23, LBLA). La promesa aquí es que si amamos a Dios, lo obedeceremos y, entonces, tendremos su presencia. ¿Quién no quiere que la presencia de Dios more *en* su vida? Cuando amamos a Dios y guardamos sus mandamientos, en verdad vivimos *en Él* y Él *en nosotros*. No te confundas con la idea de que Dios está en todas partes. Eso es cierto. Aun así, la *plenitud* de su *presencia* solo está donde se le invitó a Él y donde hay una vasija pura en la que pueda morar. Él no morará en el hedor del pecado ni en la desobediencia sin arrepentimiento. Cuando Pablo dijo: «Cada día muero», se refería a morir al pecado (1 Corintios 15:31). El pecado siempre será nuestro amo si no lo confesamos y no nos arrepentimos de inmediato en cuanto nos damos cuenta de que hicimos algo que no le agrada a Dios. Las consecuencias del pecado son tan mortales que perdemos todo el poder cuando sucumbimos a él.

Nuestra conciencia siempre nos dirá la verdad. No podemos esconder nada de Dios, porque Él lo sabe todo y lo ve todo. «Ninguna cosa creada escapa a la vista de Dios. Todo está al descubierto, expuesto a los ojos de aquel a quien hemos de rendir cuentas» (Hebreos 4:13, NVI®). Como guerrero de oración, Dios nos usa con poder a fin de influir en las situaciones y en las personas, no solo en *nuestra* vida y en la vida de nuestros familiares, amigos, comunidad y país, sino en todo el mundo también, y no podemos dejar que nuestro pecado nos estorbe.

Una de las razones por las que Jesús vino fue para destruir las obras del enemigo. «El que practica el pecado es del diablo; porque el diablo peca desde el principio. *Para esto apareció el Hijo de Dios, para deshacer las obras del diablo.* Todo aquel que es nacido de Dios, no practica el pecado, porque la simiente de Dios permanece en él; y no puede pecar, porque es nacido de Dios» (1 Juan 3:8-9). Ni siquiera pienses en ser un guerrero de oración si no te has arrepentido de cualquier pecado en tu vida, porque el enemigo lo usará en tu contra. Encárgate de eso sin demora. *No puedes oponerte a los planes del diablo en oración si te alineas con él en tu vida personal.*

Nosotros no somos la clase de personas que asesinará a alguien ni que robará un banco. Amamos al Señor y queremos obedecer sus mandamientos. Aun así, podemos ceder a la duda. Y la duda es un pecado. O podemos decir o hacer algo que deja ver falta de amor de nuestra parte. Eso no le agrada a Dios en absoluto. Sabemos las cosas que hacemos y que no glorifican a Dios. Nuestra conciencia nos lo dice y también la Palabra de Dios. Cuando amamos a Dios, guardamos sus mandamientos y hacemos lo que le agrada a Él. Como resultado, nuestra conciencia está limpia. «Si nuestro corazón no nos reprende, confianza tenemos en Dios; *y cualquiera cosa que pidiéremos la recibiremos de él, porque guardamos sus mandamientos, y hacemos las cosas que son agradables delante de él*» (1 Juan 3:21-22). Esto es crucial para recibir respuesta a nuestras oraciones.

Piensa en cualquier momento en que hayas permitido el pecado en tu corazón, incluso el pecado de la duda o de la falta de amor. ¿Puedes ver las maneras en que les ocasionó muerte a tu cuerpo, a tus relaciones, a tu trabajo, a tu vida? Pablo pregunta: «¿Qué fruto teníais entonces en aquellas cosas de las cuales ahora os avergonzáis? Porque el fin de esas cosas es muerte» (Romanos 6:21, LBLA). Renuncia al pecado como tu amo. Di: «No soy esclavo del pecado. Soy esclavo de la justicia porque Jesús me liberó del pecado». No le estás hablando al diablo. Estás declarando la verdad, y eso es parte de tomar el dominio sobre los poderes del mal.

Todos tenemos la capacidad de pecar. Cualquiera que no piense eso está destinado a caer. «Por cuanto todos pecaron, y están destituidos de la gloria de Dios» (Romanos 3:23). Sin embargo, nosotros *decidimos* si vamos a seguir de esa manera o no. Tenemos la opción de rechazar nuestra naturaleza de pecado y de participar de la naturaleza divina. Dios te ha dado «preciosas y grandísimas promesas, para que por ellas llegaseis a ser participantes de la naturaleza divina, habiendo huido de la corrupción que hay en el mundo a causa de la concupiscencia» (2 Pedro 1:4). Nuestra lujuria es que queremos lo que queremos, cuando lo queremos. En cambio, podemos decidir querer lo que quiere *Dios*.

Cuando la gente pasa por alto la verdad y establece falsos puntos de vista acerca de Dios y la Biblia para justificarse, hace lo que *quiere*. Puedes ver esto en cada religión falsa que se basa en otro hombre que no es Jesús. Siempre hay pecado inherente en su enseñanza. Cuando rechazan a Dios y su ley, Él los entrega a sus estilos de vida autodestructivos. Sin embargo, Dios nos ha dado una manera de llegar a ser más semejantes a Él y de escapar de todo eso. Cuando recibimos a Jesús, llegamos a estar «muertos al pecado, pero vivos para Dios en Cristo Jesús, Señor nuestro» (Romanos 6:11). Ya no tenemos que permitir ese error en nuestra vida, porque podemos decidir no darle lugar (Romanos 6:12).

Cuando caminamos con Jesús, no vivimos lejos de Él y sus caminos. El pecado se convierte en contra natura para nosotros. Si no es así, no conocemos al Señor en realidad. «Todo aquel que permanece en él, no peca; todo aquel que peca, no le ha visto, ni le ha conocido» (1 Juan 3:6). Eso no significa que nunca pequemos, pero no es nuestra forma de vida. No nos caracteriza un espíritu de rebelión o anarquía. No somos impotentes en contra de las cosas que contaminan nuestra vida.

Un guerrero de oración debe apartarse del pecado. Si tienes pecado en tu vida, este te debilitará. El enemigo lo sabe y lo usará para hacerte daño. El pecado siempre te separa de Dios, y no ves las respuestas a tus oraciones hasta que te alejes del pecado y vuelvas a Dios. Pablo dice que cuando nos liberamos de estas cosas, debemos estar «firmes en la libertad con que Cristo nos hizo libres, y no estéis otra vez sujetos al yugo de esclavitud» (Gálatas 5:1). Eso significa no volver a una vida de cualquier cosa que esté por debajo del estándar que Jesús estableció para ti. Eres mejor que eso. Hace que la muerte de Jesús en la cruz parezca inútil.

La libertad en Cristo no es una licencia para hacer lo que queramos. Aunque somos libres del control del pecado, nunca debemos creer que somos tan espirituales que no podemos fallar. Podemos. No obstante, si siempre seguimos la dirección del Espíritu Santo, Él nos permitirá vivir la vida que Dios tiene para nosotros. Y *eso* siempre le agrada a Dios.

Reconoce el llamado de Dios a la santidad

Una de las muchas cosas a las que Dios nos llama es a ser santos como Él. Ahora bien, antes de que dejes el libro y digas: «No hay manera en que pueda hacerlo», quiero coincidir contigo. No hay manera de que alguno de nosotros pueda ser santo por su cuenta. Solo por el poder del Espíritu Santo que obra en nosotros es que se nos capacita para ser santos. Pablo dijo: «No nos ha llamado Dios a inmundicia, sino a santificación» (1 Tesalonicenses 4:7). Continuó diciendo que si rechazamos esto, rechazamos a Dios, «que también nos dio su Espíritu Santo» (1 Tesalonicenses 4:8). En otras palabras, rechazamos todo lo que necesitamos para ser santos.

La santidad es un deseo del corazón de agradar a Dios y una invitación al Espíritu Santo para que haga lo que se requiera para hacernos más semejantes a Él.

La promesa de que Dios morará entre nosotros y que será nuestro Padre debería ser suficiente para atraernos hacia una vida dedicada a agradarlo, limpiándonos «de toda contaminación de carne y de espíritu, perfeccionando la santidad en el temor de Dios» (2 Corintios 7:1). Cuando reconocemos por completo todo lo que Jesús ha hecho por nosotros, hacemos todo lo que se requiere para vivir una vida que le agrade a Él. «Todo aquel que tiene esta esperanza en él, se purifica a sí mismo, así como él es puro» (1 Juan 3:3). Ser esclavo de Dios nos lleva a una vida de santidad (Romanos 6:22). Y una vida de santidad es para nuestro bien supremo. Todos los caminos y las leyes de Dios son para nuestro beneficio. Cuando buscamos la santidad, estamos en un lugar de gran seguridad y bendición.

Una vida de santidad es una vida de poder y significado, porque Dios puede usarte de manera poderosa y significativa.

No siempre podemos reconocer nuestro propio pecado si no leemos la Palabra de Dios. Sin embargo, hasta que la Palabra no ilumine nuestra conciencia en cuanto al pecado, no puede *hacernos* santos. Solo Jesús nos salva del pecado, y solo el Espíritu Santo que mora en nosotros hace posible que vivamos una vida santa. Para vivir una vida santa, debes dedicarte por completo a Dios.

Deshazte de cualquier cosa en tu vida que no glorifique a Dios

Dios quiere que te separes de cualquier cosa que te separe de Él. Eso incluye cualquier mal hábito, necedad, inflexibilidad, esclavitud, malas influencias, prácticas perjudiciales o posesiones que no le glorifican. Estas cosas pueden estar en nuestra vida sin que podamos reconocerlas siquiera.

Ninguno de nosotros es perfecto. Todos somos capaces de involucrarnos en cosas que desagradan a Dios, incluso los mejores de nosotros. A pesar de eso, mientras más caminemos con el Señor, más llegaremos a ser conscientes de lo que le entristece. Y mientras más conocemos a Dios, menos desearemos entristecerlo.

Dios rechaza a cualquiera que lo deshonre.

Separarnos de las cosas que no glorifican a Dios es un asunto de reverenciarlo. Significa que tenemos el temor de Dios en nuestro corazón. Y tener el temor de Dios quiere decir que sabemos que hay consecuencias por *no* tenerlo, donde la mayor es la separación de Dios. Nadie que haya sentido el amor, la paz y la presencia transformadora de Dios quiere alguna vez experimentar cualquier distanciamiento de Él.

La corrupción entra a los corazones de la gente que no tiene el temor de Dios.

Cuando la gente siente que no tiene que responderle a Dios por lo que hace o posee, cultiva un espíritu rebelde. Si ves que un cristiano viola la voluntad de Dios de manera abierta y arrogante, puedes estar seguro de que esa persona ha bloqueado la voz del Espíritu Santo en su corazón desde hace mucho tiempo.

No podemos aferrarnos a algo que no le agrada a Dios sin que el Espíritu Santo nos condene. En cambio, si seguimos aferrándonos a estas cosas, incluso después que somos conscientes de las mismas, estamos coqueteando con el campo del enemigo. Debemos pedirle a Dios que nos revele cualquier cosa de la que tengamos que separarnos. A veces no nos damos cuenta de lo que hemos dejado entrar a nuestra vida hasta que les pedimos a Dios y al Espíritu Santo que nos lo revele.

Deshazte de cualquier mala actitud, hábito destructivo, modo de pensar errado, práctica perjudicial o actividad prohibida que dificulte tu crecimiento y desarrollo espiritual. Esto no es ser legalista. Es ser consciente de la dirección del Espíritu Santo mientras buscas su orientación. Di: «Señor, muéstrame si hay algo en mi vida que no debería estar allí, o algo que te desagrade y me dañe de manera física, mental o espiritual». Cuando te muestre algo, pídele que te ayude a deshacerte en tu vida de todo lo que no es de Él.

Rechaza todo orgullo

El orgullo es la característica principal del enemigo. Cuando caemos en el orgullo, nos alineamos con los planes del enemigo. Debido a que todos estamos hechos a la imagen de Dios, nunca debemos pensar que valemos *menos* de lo que Dios ve en nosotros. Tampoco deberíamos pensar que valemos *más* que cualquier otra persona. Nadie debe tener «más alto concepto de sí que el que debe tener, sino que piense de sí con cordura, conforme a la medida de fe que Dios repartió a cada uno» (Romanos 12:3). El orgullo hace que nos comparemos con otra gente, cuando deberíamos compararnos con los estándares de Dios. «Si alguno se cree que es algo, no siendo nada, se engaña a sí mismo» (Gálatas 6:3, LBLA).

El orgullo es peligroso y no debemos ceder ante él porque «Dios resiste a los soberbios, y da gracia a los humildes» (Santiago 4:6).

Dios quiere que «lleven una vida digna del llamado», cualquiera que sea nuestro llamado, pero no quiere que demos lugar siquiera a un segundo de orgullo por eso (Efesios 4:1, NTV). No debemos abusar de nosotros mismos con la autocrítica ni tampoco lamentarnos por lo que pensamos que nos hace falta. La verdad es que no valemos más por lo que hacemos, sino por lo que ha hecho Jesús.

Pídele a Dios que te revele el orgullo en ti. Cuando lo veas, resístelo al confesárselo a Dios y pídele que te ayude a liberarte de él.

Cumple el mandamiento de Dios de amar a otros

Debería ser fácil distinguir entre los hijos de Dios y los engendros del enemigo, pero a veces no lo es. Jesús dijo que esta diferencia se ve con más claridad cuando una persona ama a sus hermanos y hermanas en Cristo. Una de las cosas que el Espíritu Santo hace en nosotros es darnos un amor por los demás que no teníamos antes de conocer al Señor. Juan Dijo: «En esto se reconocen los hijos de Dios y los hijos del diablo: todo aquel que no practica la justicia, no es de Dios; *tampoco aquel que no ama a su hermano*» (1 Juan 3:10, LBLA).

Cuando no tenemos amor por otros en nuestro corazón, vivimos una vida muerta. «El que no ama a su hermano, permanece en muerte. Todo aquel que aborrece a su hermano es homicida; y sabéis que ningún homicida tiene vida eterna permanente en él» (1 Juan 3:14-15).

¡Huy! No puede ser más claro. Somos iguales a un asesino cuando no amamos a otros. Y eso no predice un buen futuro de bendición de Dios.

En lo que dependa de ti, trata de vivir en armonía con tu familia espiritual. No digo que tengas que ser el mejor amigo de todos en el cuerpo de Cristo, sino que trates de estar en paz con ellos de la mejor manera posible. Algunas personas buscan razones para que nadie los quiera más de lo que buscan maneras de mostrar el amor de Dios. Tú debes ser distinto. En especial porque eres un guerrero de oración para Él. Estás en el servicio. *Su* servicio. Sirviéndolo a *Él*. Debes representarlo bien.

Aunque no puedes hacer que alguien sea distinto a lo que ha decidido ser, puedes *orar* por él. Y eso es lo que hacen los guerreros de oración. Cuando la gente no te manifiesta amor, ora para que Dios cambie su corazón. Eres un guerrero de oración porque tienes amor en tu corazón hacia Dios. Cuando oras por los demás, lo haces porque lo amas a Él. Y a medida que oras, *Él* te da de su amor para esa persona o esa gente.

Pídele a Dios que te dé más amor por los demás de lo que alguna vez hubieras tenido antes.

No te descuides con tu cuerpo

Dios es muy serio en cuanto a eso. Él quiere que amemos y apreciemos nuestro cuerpo y que no hagamos nada para dañarlo ni destruirlo. Nunca debes ser descuidado, abusivo, ni negligente en el tratamiento de tu cuerpo porque es un regalo de Dios, y su Espíritu Santo mora en ti como un valioso regalo también. No tienes el derecho de hacer lo que quieras. «¿No saben que ustedes son templo de Dios, y *que* el Espíritu de Dios habita en ustedes? Si alguno destruye el templo de Dios, Dios lo destruirá a él, porque el templo de Dios es santo, y ustedes son ese *templo*» (1 Corintios 3:16-17, RVC).

A Dios no le gusta que maltratemos nuestro cuerpo. Y lo aclara cuando dice que si destruimos nuestro cuerpo de cualquier manera, Él nos entregará a la destrucción que parece que tratamos de exponernos. Eso me parece muy serio.

El maltrato de nuestro cuerpo con una indiferencia evidente a las consecuencias de lo que le hacemos no le agrada a Dios. Si ya sabes que lo que haces es malo, pídele a Dios que te ayude a tomar buenas decisiones. Si no estás seguro, pídele que te muestre lo que debes hacer de forma distinta. El Espíritu Santo te ayudará a hacer lo apropiado en cada situación. Aun así, tú debes querer su ayuda.

Apártate de lo impío

El pecado contamina. Y ni siquiera tiene que ser *tu* pecado. Al igual que la levadura fermenta todo el pan que va a hornearse, la influencia de la gente pecaminosa con la que te relacionas se propaga en ti. Aunque estés tratando de ayudar a alguien por su vida equivocada, si siguen resistiéndose a tus esfuerzos, debes separarte de ellos y dejarlos en las manos de Dios. Pablo dijo: «No se dejen engañar: las malas compañías corrompen las buenas costumbres» (1 Corintios 15:33, RVC). Y no creas que puedes imponer tu moralidad en otros que son incrédulos, porque eso no resulta.

Ten cuidado de no pasar tiempo con incrédulos que están en prácticas idólatras y, por lo tanto, te unen en relaciones que comprometen tu andar con Dios. «No os unáis en yugo desigual con los incrédulos; porque ¿qué compañerismo tiene la justicia con la injusticia? ¿Y qué comunión la luz con las tinieblas?» (2 Corintios 6:14). «*Salgan de entre los incrédulos y apártense de ellos*, dice el SEÑOR. No toquen sus cosas inmundas, y yo los recibiré a ustedes» (2 Corintios 6:17, NTV). Apártate de ellos.

Mientras más cuidamos nuestro caminar con el Señor y queremos agradar a Dios, más vivimos en la pureza a la que nos ha llamado. Esto nos permitirá llegar a ser más eficientes como guerreros de oración y en la vida. Pablo dijo: «No tengan nada que ver con las obras infructuosas de las tinieblas; al contrario, denúncienlas» (Efesios 5:11, RVC). No tenemos que tener falta de amor ni ser groseros con ellos. No tenemos que ser legalistas ni fríos, de ese modo alejaremos a la gente de la vida vigorosa que les espera en el Señor. Más gente se aleja de recibir al Señor por la falta de amor y la actitud severa de cristianos que son mejores criticando y juzgando que demostrando el amor de Dios. Pídele a Dios que te revele si le has dado cabida a un ataque del enemigo porque has permitido que alguna persona entre a tu vida de una manera que le permitas que influya más en ti de lo que tú influyes en ella para el reino de Dios.

No te mortifiques por lo que no eres

Demasiados creyentes no saben lo que Dios dice de ellos. Creen lo que dijo *otra persona* de ellos, o lo que ellos *se dicen* en toda su autocrítica. No permitas que te suceda esto porque no es del Señor y solo te debilita.

No permitas que el enemigo ponga pensamientos en tu cabeza de todo lo que *no eres*. Más bien, piensa en lo que *puedes* ser. No te mortifiques por lo que crees que *deberías ser*. Piensa en lo que dice Dios que *eres*.

Dejé esta sección con pocas palabras debido a que no puede ser más claro que el párrafo anterior. Mi pastor, el pastor James, lo dijo y en verdad no lo puedo apartar de mi mente. Podría escribir mil palabras más, pero volvería a caer en lo mismo. Lee el párrafo anterior unas veces más. Escríbelo y ponlo en tu espejo, en tu mesa de noche o en la puerta de tu refrigerador. Es muy importante. No puedes llegar a ser todo lo que Dios quiere que seas si dudas lo que Él dice de ti.

No permitas que el enemigo te diga que no eres lo bastante bueno, lo bastante adecuado, lo bastante santo, lo bastante amable o solo que no eres suficiente. Yo digo: «¡Basta!». No permitas que el enemigo tenga la satisfacción de convencerte de que nunca puedes llegar a ser todo lo que Dios quiere que seas. No es cierto. Enfócate en agradar a Dios y en averiguar lo que Él te ha llamado a hacer. Reconócelo. Ora por eso. Involúcrate en eso.

Camina de manera que produzcas el fruto del Espíritu

Cuando rendimos por completo nuestra vida al Señor y su Espíritu nos guía, producimos el fruto de su Espíritu en nosotros. «El fruto del Espíritu es amor, gozo, paz, paciencia, benignidad, bondad, fidelidad, mansedumbre, dominio propio; contra tales cosas no hay ley» (Gálatas 5:22-23, LBLA). Todos necesitamos que cada uno de estos rasgos del carácter se forme siempre en nosotros.

Aun cuando nuestra justicia procede de lo que hizo Jesús en la cruz, eso no nos da el *derecho* de actuar en el poder del Espíritu Santo sin tener vidas morales de integridad. Hacer la obra de Dios no es para el desobediente ni el perverso. «Los que son de Cristo han crucificado la carne con sus pasiones y deseos. Si vivimos por el Espíritu, andemos también por el Espíritu» (Gálatas 5:24-25). Si eres de corazón puro, eso mantiene las líneas de comunicación abiertas entre tú y Dios, y abre el canal por el que puede guiarte su Espíritu Santo. Esa es la clave: que te guíe el Espíritu Santo.

Cuando decides que te guíe el Espíritu, *optas por* caminar en la luz. «En otro tiempo, ustedes eran oscuridad; pero ahora son luz en el Señor. Por tanto, vivan como hijos de luz (*porque el fruto del Espíritu se manifiesta en toda bondad, justicia y verdad*), y comprueben lo que es agradable al Señor» (Efesios 5:8-10, RVC). Y debido a que el mal prolifera, debemos tener «cuidado cómo andáis; no como insensatos, sino como sabios, aprovechando bien el tiempo, porque los días son malos. Así pues, no seáis necios, sino entended cuál es la voluntad del Señor» (Efesios 5:15-17, LBLA). *No podemos darnos el lujo de vivir fuera de la voluntad de Dios.* Pídele a Dios que te ayude a entender su voluntad y que te permita caminar siempre guiado por su Espíritu, y producirás de forma continuada el fruto de su Espíritu en tu vida.

Renueva tu mente

El sistema mundial es impío. La gente impía no busca a Dios. Su Dios es su apetito, lujuria, deseo, ambición, orgullo y poder. Quieren control y harán lo que sea necesario para obtenerlo, incluso mentir, engañar, destruir y matar. (¿Te parece conocido?). Su dios es el enemigo de Dios y el enemigo de todos los creyentes.

Cualquiera que se conforma al sistema del mundo se une al enemigo de Dios. No me refiero al bello mundo físico que Dios creó y todo lo bueno que hay en él. Me refiero al espíritu del mundo que es en contra de Dios y de Cristo, y lo controla el espíritu del anticristo. No debemos alinearnos con él. El enemigo ciega las mentes de las personas a este espíritu, pero ellas son las que siguen decidiendo no creer en Dios. «Si todavía nuestro evangelio está velado, para los que se pierden está velado, *en los cuales el dios de este mundo ha cegado el entendimiento* de los incrédulos, para que no vean el resplandor del evangelio de la gloria de Cristo, que es la imagen de Dios» (2 Corintios 4:3-4, LBLA). Las personas cuyas mentes están cegadas nunca verán la belleza del Señor.

Dios quiere que resistamos la manera de pensar del anticristo. La Biblia dice: «No andéis así como andan también los gentiles, *en la vanidad de su mente, entenebrecidos en su entendimiento*, excluidos de la vida de Dios por causa de la ignorancia que hay en ellos, *por la dureza de su corazón*; y ellos, habiendo llegado a ser insensibles, se entregaron a la sensualidad para cometer con avidez toda clase de impurezas» (Efesios 4:17-19, LBLA).

La Biblia dice: «No améis al mundo, ni las cosas que están en el mundo. Si alguno ama al mundo, el amor del Padre no está en él. Porque todo lo que hay en el mundo, los deseos de la carne, los deseos de los ojos, y la vanagloria de la vida, no proviene del Padre, sino del mundo. Y el mundo pasa, y sus deseos; *pero el que hace la voluntad de Dios permanece para siempre*» (1 Juan 2:15-17).

Dios nos dice: «En cuanto a su pasada manera de vivir, despójense de su vieja naturaleza, la cual está corrompida por los deseos engañosos; *renuévense en el espíritu de su mente*, y revístanse de la nueva naturaleza, creada en conformidad con Dios en la justicia y santidad de la verdad» (Efesios 4:22-24, RVC). La manera en que resistimos a ese espíritu del mundo es teniendo renovada nuestra mente y teniendo claridad en nuestros pensamientos. Gracias a Dios que todos los días nos da la mente de Cristo.

Sé perdonador siempre

No ser perdonador con alguien requiere demasiado tiempo y energía, y está muy por debajo de lo que Dios quiere que seas. No pierdas tu vida en eso. Sí, la gente puede lastimarnos tanto que queremos vengarnos al no apartar jamás de nuestra mente lo que nos hizo. Sin embargo, la Biblia dice demasiado acerca de perdonar a otros, Jesús en especial, como para pasar por alto este mandamiento de Dios. Lo hacemos bajo nuestro propio riesgo. Jesús dijo: «Porque si perdonáis a los hombres sus ofensas, os perdonará también a vosotros vuestro Padre celestial; *mas si no perdonáis a los hombres sus ofensas, tampoco vuestro Padre os perdonará vuestras ofensas*» (Mateo 6:14-15). No puede ser más claro que esto.

Dios ni siquiera oirá nuestras oraciones si no nos deshacemos de la falta de perdón. «Si en mi corazón hubiese yo mirado a la iniquidad, el Señor no me habría escuchado» (Salmo 66:18). No es que el Señor *no pueda* escuchar nuestra oración, sino que *decide no hacerlo*. A veces pensamos que ya nos hemos arreglado con alguna persona o asunto, pero vuelve a aparecer en nuestro corazón. Eso se debe a que todavía hay capas de falta de perdón, sobre todo si la ofensa fue severa u ocurrió por mucho tiempo.

Si te cuesta trabajo perdonar a alguien, pídele a Dios que te ayude. Él lo hará. Cuando perdonas a los demás, te liberas de la tortura que implica la *falta* de perdón. Tortura que el enemigo usará en tu contra para debilitarte y destruirte.

No quieres impedir la respuesta a tus oraciones y evitar que tu vida reciba las bendiciones que Dios tenga para ti. No quieres debilitarte en tu batalla espiritual. Quieres que te potencie el Dios todopoderoso al que sirves. Pídele a Dios que te revele cualquier falta de perdón en ti, a fin de que puedas deshacerte de ella.

Jesús nos da perdón total para nuestros pecados, por lo que debemos deponer cualquier culpa y recibirlo. No estar convencido de que te perdonaron por completo tus pecados significa que tienes que cargar con un gran bagaje de condenación. Eso es tan malo como la falta de perdón, que es una carga tan pesada que tus hombros no están hechos para llevarla. No te da la libertad de ser la persona para la que te llamaron. Debido a que Él te perdonó, tú debes perdonar a otros.

Cuida lo que dices

Lo que decimos puede comprometer nuestro caminar con Dios. Por eso es que debemos preguntarle al Espíritu Santo qué decir *antes* de decirlo. La buena noticia es que Dios puede cambiar nuestro corazón para afectar el desbordamiento de nuestras palabras. «El que quiere amar la vida y ver días buenos, refrene su lengua de mal, y sus labios no hablen engaño; apártese del mal, y haga el bien; busque la paz, y sígala. Porque los ojos del Señor están sobre los justos, y sus oídos atentos a sus oraciones; pero el rostro del Señor está contra aquellos que hacen el mal» (1 Pedro 3:10-12).

Hay una conexión entre lo que decimos, ya sea malo o no, y la oración respondida. Dios escucha nuestras oraciones cuando nuestras palabras reflejan su verdad.

Cuando la Palabra de Dios vive en nosotros, y el Espíritu Santo en nosotros activa ese poder, nuestro corazón se regenera y renueva de la manera en que nada más puede hacerlo. Y el resultado es que las cosas buenas fluyen de nuestro corazón y se reflejan en nuestras palabras. Cuando adoptamos la verdad de la Palabra de Dios, llegamos a cobrar vida espiritual. Renueva nuestra vida cada día. Y nunca falla.

Jesús nos dijo que oráramos: «Hágase tu voluntad, como en el cielo, así también en la tierra» (Mateo 6:10). Debe ser *nuestra* voluntad hacer la voluntad *de nuestro Padre*, así como fue con Jesús. Nuestro nuevo yo es lo que somos ahora que hemos recibido a Jesús y hemos renacido en nuestro espíritu. Nuestro viejo yo dice: «Mi camino es el mejor». Nuestro nuevo yo dice: «Los caminos de *Dios* son mejores». Tenemos que despojarnos del viejo yo y ponernos el nuevo.

Cuando nos deleitamos en el Señor, queremos lo mismo que Dios. Alineamos nuestro corazón con el de Dios y sometemos nuestra voluntad a su voluntad para ser eficaces en la oración. Eso significa orar para que nuestras palabras lo glorifiquen siempre.

Aun si ya eres un guerrero de oración, no dejes de prepararte para que seas más fuerte aun. Dios no quiere que te quedes como un niño. Quiere que crezcas en Él de modo que pueda transformarte a su imagen. Quiere usarte de maneras poderosas, sobre todo porque su regreso está cerca. «¿No sabéis que los que corren en el estadio, todos a la verdad corren, pero uno solo se lleva el premio? Corred de tal manera que lo obtengáis» (1 Corintios 9:24). Prepárate todos los días para ser todo lo que Dios quiere que seas, a fin de que puedas correr la carrera y ganar el premio.

ORACIÓN PARA EL
GUERRERO DE ORACIÓN

SEÑOR, ayúdame a tener siempre una conciencia clara ante ti. Que no haya nada en mí que le dé al enemigo una razón para pensar que tiene alguna clase de invitación para socavar lo que tú quieres hacer en mi vida. Ayúdame a no ceder ante los deseos carnales. Permíteme ser santo, como tú eres santo, porque sé que eso sucede solo por tu Espíritu que obra en mí. Ayúdame a mantener mi mente enfocada en servirte (1 Pedro 1:15-16). Sé que fui redimido con algo mucho más valioso que el oro, y esa es la sangre de tu Hijo (1 Pedro 1:18-19). Ayúdame a vivir de una manera digna de eso.

Enséñame a llegar a ser el guerrero de oración que me llamas a ser. Ayúdame a orar sin cesar, a fin de que pueda mantenerme siempre en contacto contigo. Te entrego todo pensamiento, temor, preocupación y anhelo. Ayúdame a vestirme «de entrañable misericordia, de benignidad, de humildad, de mansedumbre, de paciencia» (Colosenses 3:12). Permite que, «si algo demanda diligencia, no seamos perezosos; sirvamos al Señor con espíritu ferviente. Gocémonos en la esperanza, soportemos el sufrimiento, seamos constantes en la oración» (Romanos 12:11-12, RVC).

Señor, ayúdame a ser santo al separarme de cualquier cosa que no sea santa a tus ojos. Enséñame a separarme de cualquier cosa que no te glorifique. Enséñame a permanecer en la libertad por la que me liberaste (Gálatas 5:1). No quiero vivir por debajo de tus altos estándares para mi vida. Revélame cualquier cosa de la que necesite separarme. Gracias porque completarás la obra que has comenzado en mí (Filipenses 1:6).

Hazme ver mi orgullo para que pueda arrepentirme de él. No quiero llegar a ser orgulloso y perder tu gracia (Santiago 4:6). Enséñame a resistir mi propio orgullo de la manera en que tú resistes al que lo alberga. Permíteme amar a los demás de la manera en que lo haces tú. Sé que hacer lo contrario no te agrada (1 Juan 3:10). Dame tu amor por otros de tal forma que haga que fluya en mi corazón y que lo derrame en mis acciones y oraciones hacia ellos.

Enséñame a cuidar de mi cuerpo, porque sé que es donde mora tu Espíritu Santo y hacer cualquier cosa que me haga daño no te agrada. Ayúdame a saber las cosas adecuadas que debo hacer y persuádeme cuando no las haga. Permíteme caminar siempre dirigido por tu Espíritu para que su fruto se produzca en mí. Lléname con un nuevo flujo de tu amor, gozo, paz, paciencia, benignidad, bondad, fidelidad, mansedumbre y dominio propio (Gálatas 5:22-23). Ayúdame a dejar de pensar en lo que *no* soy, y a enfocarme en lo que *puedo* ser. Ayúdame a no preocuparme por lo que *debería* ser, sino a enfocarme en lo que *tú* dices que soy.

Te lo pido en el nombre de Jesús.

No se amolden al mundo actual, sino sean transformados mediante la renovación de su mente. Así podrán comprobar cuál es la voluntad de Dios, buena, agradable y perfecta.

Romanos 12:2, nvi®

6

Ponte tu armadura protectora cada mañana

Antes que a los SEAL de la Armada les den cada tarea específica, ellos examinan con mucho cuidado su equipo. Cada artículo que llevan se escogió por una razón específica: para protegerse, combatir al enemigo, ganar la batalla, sobrevivir y volver a salvo. Cada aspecto de su equipo es de la mejor calidad y tiene que estar en perfectas condiciones para funcionar. Debido a todo eso tienen que llevarlo sobre su cuerpo, ensamblan su uniforme camuflado con precisión y gran detalle. Saben que no pueden ir a la batalla con seguridad ni con eficiencia si les falta algo importante o si llevan carga adicional. Todo lo que llevan consigo está diseñado para facilitar y anticipar sus necesidades. En el momento en que se encuentran en una misión están más que preparados.

Como guerreros de oración, nosotros debemos hacer lo mismo. Dios no quiere que carguemos nada innecesario porque nos agobiará y estorbará lo que Él nos llama a hacer. Y no debemos ir a la batalla sin las cosas que necesitamos para ganar. Nuestra batalla es espiritual, y lo que logramos en el reino espiritual es tan importante como lo que el soldado bien entrenado, preparado y equipado hace en el físico. Debemos conocer nuestras armas y estar bien capacitados para usarlas. (Veremos más acerca de esto en el capítulo siguiente: «Conviértete en un experto en tus armas espirituales»). Pero primero, debemos ponernos la armadura que Dios nos entregó a fin de permanecer firmes en contra del enemigo.

El apóstol Pablo dijo: «Fortaleceos en el Señor, y en el poder de su fuerza. *Vestíos de toda la armadura de Dios, para que podáis estar firmes contra las asechanzas del diablo*» (Efesios 6:10-11). No dijo: «Si eres inteligente, puedes utilizar *toda* la armadura». O: «Trata de tomar la armadura por lo menos una o dos veces al año». La Palabra de Dios dice: «Vestíos de toda la armadura de Dios» (Efesios 6:13). Esto no se sugiere, sino que se *ordena*.

La Biblia no nos habría dicho que tomáramos toda la armadura de Dios para resistir al diablo, si el diablo se pudiera resistir sin hacerlo.

«Estar firmes contra» significa literalmente estar delante de las fuerzas y los planes del diablo, y en oposición a los mismos. Significa que se es quien se queda en pie después de la batalla. También significa mantenerse preparados para la *próxima* batalla. Sin duda, estar firmes en contra de las asechanzas del enemigo no quiere decir que no se haga nada. Si no vamos a hacer nada hasta que Él venga, ¿por qué tenemos que batallar en contra del enemigo? «No tenemos lucha contra sangre y carne, sino contra principados, contra potestades, contra los gobernadores de las tinieblas de este siglo, contra huestes espirituales de maldad en las regiones celestes» (Efesios 6:12). ¿Por qué nos da Jesús armas espirituales para resistir las fuerzas malignas si no quiere que las usemos?

La razón por la que debemos ponernos toda la armadura de Dios es para resistir al maligno. No batallamos en contra de personas, sino en contra de una jerarquía espiritual de poder invisible.

Las fuerzas del diablo son poderes invisibles con una estructura y unos niveles específicos de autoridad. No solo debemos usar nuestra armadura para protegernos y defendernos de ellos, por muy importante que esto sea, sino también para ir a la ofensiva en su contra. Cuando lo hacemos, le cerramos las puertas al enemigo y abrimos las puertas para que se haga la voluntad de Dios en la tierra. Avanzamos el reino de Dios.

Cada soldado sabe con exactitud cuándo es el tiempo apropiado para ponerse su equipo protector para la batalla. Los guerreros de oración deben ponerse la armadura de Dios todos los días debido a que la guerra siempre está en marcha. Las nuevas batallas tienen que librarse a cada instante, de modo que el enemigo se vea obligado a retirarse, para que el reino de Dios avance y se haga la voluntad de Dios. Nuestra armadura espiritual no solo nos protege del enemigo, también nos da lo que necesitamos a fin de poder oponerle resistencia.

Para ponerse la armadura de Dios, primero tenemos que identificar lo que es la armadura. Pablo habló acerca de la manera de identificar las fuerzas del maligno y batallar en su contra, y usó a los soldados romanos como su modelo. Con mucho, era el ejército más poderoso de la época, y él relaciona las piezas de la armadura que tenían con lo que Dios nos ha dado en el reino espiritual. Lo siguiente es lo que dijo:

- Estad, pues, firmes, *ceñidos vuestros lomos con la verdad,*
- *vestidos con la coraza de justicia,*
- y *calzados los pies con el apresto del evangelio de la paz.*
- Sobre todo, *tomad el escudo de la fe,* con que podáis apagar todos los dardos de fuego del maligno.
- Y tomad *el yelmo de la salvación,*
- y *la espada del Espíritu,* que es la palabra de Dios;
- *orando en todo tiempo con toda oración* y súplica en el Espíritu,
- y *velando* en ello con toda perseverancia y súplica por todos los santos (Efesios 6:14-18).

Esto no es difícil, así que no me mires de esa forma como si dijeras: «Parece demasiado trabajo». ¿Recuerdas lo que dije en el primer capítulo en cuanto a lo que es *en verdad* demasiado trabajo? ¡Puedes hacerlo! Todos podemos hacerlo debido a que estamos firmes en el poder y la fortaleza de *Dios,* no en los nuestros. Eso quita la presión de nosotros de hacerlo por nuestra cuenta. Solo tenemos que *presentarnos y orar.*

Algunas personas creen que porque Jesús lo logró todo en la cruz, *nosotros* no tenemos que hacer nada en absoluto. Entonces, si eso fuera cierto, ¿por qué Jesús nos enseñó a orar «líbranos del mal» (Mateo 6:13)? Sí, la *victoria* sobre el mal se logró en la cruz, *pero el enemigo todavía está allí.* Es un enemigo derrotado, pero sigue haciendo la guerra. No queremos que gane ninguna batalla durante nuestro turno, sobre todo porque podemos ser parte de la fuerza que Dios ha llamado para detenerlo. Debemos tener toda la armadura de Dios que nos proteja siempre para poder estar firmes con éxito en contra de los planes del enemigo, no solo para nuestra vida, sino para la vida de otros.

Cuando te levantes todos los días, ponte tu armadura protectora. No dejes tu día al azar. Toma posesión de él y ríndeselo al Señor. No dejes que se salga de control ni le des al enemigo una invitación para entrar. Necesitas esta armadura para detener cualquier ataque de las flechas destructoras del enemigo para tu vida y para la vida de los seres que amas, tanto ahora como en el futuro.

Ponte las siguientes piezas de la armadura que te da Dios.

Ciñe tu lomo con la verdad

Los soldados romanos se ceñían el lomo con algo similar a lo que un levantador de pesas utiliza para darse fortaleza y apoyo para que no se le lastimara el torso. Permitía a los soldados permanecer más firmes en contra del enemigo.

Nosotros también necesitamos esa clase de apoyo para que nos dé fortaleza en nuestro torso espiritual. Eso significa que debemos ceñirnos con la verdad y no permitir que nada más que la verdad entre a nuestro pensamiento o nuestra situación. Significa pedirle a Dios que nos mantenga sin engaño de modo que nunca permitamos que se arraigue el engaño. Conocer la verdad nos libera de toda posibilidad de engaño e ilumina cualquier oscuridad en nuestra vida.

Eso no quiere decir que solo *sepas* la verdad. Quiere decir que la conozcas, a fin de que se convierta en parte de ti y que la vivas. Y no solo *cualquier* verdad te libera, sino la verdad de *Dios*. Jesús dijo: «Si vosotros permaneciereis en mi palabra, seréis verdaderamente mis discípulos; y *conoceréis la verdad, y la verdad os hará libres*» (Juan 8:31-32). Cuando nos envolvemos en la verdad de Dios, esta nos protege al fortalecer el torso de nuestro ser.

El enemigo usa la mentira para confundir a la gente y llenarla de ansiedad y temor. El apóstol Juan dijo: «Sabemos que somos de Dios, y el mundo entero está bajo el maligno» (1 Juan 5:19). Las mentiras del enemigo estropean por completo nuestro pensamiento y nos debilitan si las creemos. Cada día debemos combatir sus mentiras con la verdad de Dios.

Vístete con la coraza de justicia

La coraza de metal de un soldado romano cubría su pecho y evitaba que le hirieran de muerte en el corazón. La justicia perfecta de Dios es lo que cubre *nuestro* corazón, y eso es lo que Dios ve cuando nos observa. Aun así, todavía tenemos que ponernos la justicia como el soldado se pone un chaleco antibalas. Eso significa que tenemos que decidir vivir como quiere Dios. No podemos estar protegidos si caminamos a propósito fuera de los caminos de Dios y de su voluntad.

Nuestra decisión cada día debe ser vivir una vida justa, no por nuestras propias fuerzas, sino por la capacitación del Espíritu Santo en nosotros. Tenemos que reconocer que dependemos de Dios y decidir vivir nuestra vida para *Él*. Aunque *somos* una nueva criatura, aún debemos decidir *vivir* como tales. Cuando todos los días tomamos la decisión de vivir de una manera justa, nuestra vida y nuestro corazón están protegidos.

¿Cuántos ataques del enemigo en la vida de la gente podrían haberse evitado si solo hubiera decidido esa mañana vivir como quiere Dios? Con cada paso que damos lejos de los caminos de Dios, la fortaleza del enemigo llega a afianzarse más.

Nuestra coraza de justicia es la justicia de Jesús *en* nosotros. Protege nuestro corazón de cualquier herida mortal y nos asegura que el enemigo no puede destruirnos nunca por el pecado. Por ejem-plo, albergar ira es pecado. La Biblia dice: «Airaos, pero no pequéis; no se ponga el sol sobre vuestro enojo, *ni deis lugar al diablo*» (Efesios 4:26-27). Sin embargo, podemos arreglar las cosas con Dios en cualquier momento al confesar y arrepentirnos de nuestros pecados. No permitas que el enemigo tenga algún motivo por el cual pueda acusarte. Di todos los días: «Señor, revélame cualquier cosa en mí que no sea agradable a tus ojos, de modo que pueda confesarla ante ti, porque decido vivir como *tú* manera».

Cálzate los pies con el apresto del evangelio de la paz

Cada soldado aprende a proteger sus pies. Tiene zapatos o botas especiales para ese propósito. Los soldados romanos tenían fuertes zapatos militares remachados en la parte de abajo de la suela con algo parecido a tacos. Los pies calzados de manera apropiada pueden permanecer firmes en contra del enemigo y no se resbalan. Como guerrero de oración, necesitamos que la base con la que caminamos sea sólida y protectora. Tener paz *con* Dios y paz *en* Dios es una base inquebrantable desde donde podemos defendernos y continuar estando firmes.

La palabra «apresto» significa que el evangelio de paz ya se logró. Es decir, ya se preparó para ti. Solo tienes que caminar en él. Dios tiene paz para nosotros que va más allá de nuestra comprensión. No es que no podamos imaginar tener paz; solo es que no podemos imaginar tener esa clase de paz en medio de las cosas que experimentamos aquí en la tierra.

El enemigo quiere robarse nuestra paz y mantenernos agitados, ansiosos, temerosos, molestos y siempre en una posición de esperar que algo terrible pase en cualquier momento. El enemigo quiere que seamos incapaces de olvidar las cosas terribles que sucedieron en el pasado y que, en su lugar, las recordemos como si hubieran ocurrido ayer. Dios tiene sanidad para los recuerdos dolorosos. No es que Él nos dé amnesia. Todavía recordamos lo sucedido, pero no sin cesar y con el mismo dolor y tortura.

La paz es más que solo tener una buena noche de sueño, aunque muchas personas pensarían que hasta eso sería un milagro, ya que es paz en cada parte de tu ser en todo momento. Es un lugar donde vives por el Único que vive en ti.

Jesús hizo posible que tuviéramos la paz que sobrepasa todo entendimiento: la clase de paz que nos sostiene, estabiliza, establece y evita que resbalemos.

Toma el escudo de la fe

Cada soldado necesita algo para escudarse y protegerse de las armas del enemigo. En los tiempos romanos, las armas eran flechas y espadas. Los soldados a veces disparaban flechas y dardos encendidos a los muros protectores para prenderles fuego a las personas y a sus moradas. De la misma manera, el enemigo nos lanza flechas y dardos espirituales, diseñados para perforar nuestro corazón con desánimo y hacer que estemos temerosos, ansiosos, inseguros o incapacitados. El escudo que tenemos en contra de estas flechas del enemigo es nuestra fe, y es una protección poderosa de todo eso.

Todos nosotros, incluso los incrédulos, tenemos fe en algo o en alguien. Tenemos fe en que el farmacéutico no nos envenenará cuando le llevamos nuestra receta del médico. Tenemos fe en que podemos entrar a un centro comercial y que no nos matarán. Aun así, en los últimos tiempos, nuestra fe parece disminuir en cuanto a esa clase de cosas. Sin embargo, cuando ponemos nuestra fe en Dios y su Hijo, comenzamos por tener una fe pequeña, pero nuestra fe *crece* y se fortalece a medida que leemos la Palabra y pasamos tiempo con Dios en oración.

¿Cómo sabemos que nuestra fe es lo bastante fuerte como para ser un escudo protector en contra del enemigo? Lo sabemos porque la Palabra de Dios dice que *nuestra fe en Dios y su fidelidad a nosotros* se convierten en un escudo para nosotros. Dios le dijo a Abram: «No temas, Abram; *yo soy tu escudo*, y tu galardón será sobremanera grande» (Génesis 15:1). Cuando ponemos nuestra fe en Dios y su Palabra, Él es nuestro escudo y nuestra defensa. Ahora bien, *eso* es algo en lo que podemos tener fe.

Aun si nuestra fe está tambaleante un día, eso nos pasa a todos hasta que aprendemos a tener fe sin importar lo que veamos que sucede a nuestro alrededor, podemos seguir dependiendo de la fidelidad de Dios para que nos cubra y aumente nuestra fe a medida que nos escondemos en Él. Así que cuando sientas que el enemigo trata de tentarte en tus puntos débiles, aumenta tu fe diciendo: «No os ha sobrevenido ninguna tentación que no sea humana; pero *fiel es Dios*, que no os dejará ser tentados más de lo que podéis resistir, sino que dará también juntamente con la tentación la salida, para que podáis soportar» (1 Corintios 10:13).

Cuando el enemigo llega para probar tu lealtad al Señor, enfócate en Dios, en su Palabra y en su fidelidad para hacer lo que Él dice. Di: «Sol y escudo es el Señor Dios; gracia y gloria da el Señor; *nada bueno niega a los que andan en integridad*» (Salmo 84:11, LBLA).

La fe desaparece el temor y nos hace valientes. Jesús le dijo al principal de la sinagoga: «No temas, cree solamente» (Marcos 5:36). La fe presenta posibilidades ilimitadas. Jesús dijo: «*Si puedes creer, al que cree todo le es posible*» (Marcos 9:23).

Nuestra fe debe fortalecerse lo suficiente para creer lo imposible, pues creemos en el Dios de lo imposible, y con Él todas las cosas son posibles.

Toma el yelmo de la salvación

El yelmo protege la cabeza de un soldado. Nuestro yelmo espiritual protege nuestra cabeza también. ¿Y de qué nuestra cabeza necesita más protección? De las mentiras del enemigo, por supuesto. El enemigo quiere impedir que entiendas, y que vivas, todo lo que la salvación significa para ti. Quiere que estés cegado a todo lo que Jesús logró para ti cuando murió. Quiere que estés convencido de que no tienes valor, de que te rechazan, de que eres débil, malo, insignificante, que no tienes esperanza y que eres difícil de amar. O si no puede hacerte pensar así, te tienta para que tomes otro rumbo y te llenes de orgullo. De cualquier manera, caes.

Con demasiada frecuencia, los malos pensamientos acerca de nosotros mismos tienen casi siempre su raíz en algún punto de nuestra infancia. Algunas personas desorientadas nos hicieron llegar a las conclusiones equivocadas en cuanto a quiénes somos, y el enemigo nunca deja de reforzar esas ideas. No quiere que averigüemos quiénes somos de verdad en el Señor y lo que Dios tiene para nosotros. Quiere llenar nuestra mente con sentimientos de culpa, impotencia y desdicha. No quiere que entendamos todo lo que Jesús hizo por nosotros en la cruz, porque sabe que cuando nos ponemos ese yelmo de salvación y nos transformamos por la renovación de nuestra mente, seremos capaces de vernos como nos ve Dios: alguien por quien vale la pena morir.

Dios nos ama, pero muy a menudo nos vemos como despreciados. Dios nos ve como escogidos y aceptados, pero nosotros podemos vernos como rechazados. Dios nos ve desde la perspectiva de lo que Él quiere que seamos, pero muchas veces nos vemos desde nuestros límites en lugar de nuestras posibilidades. El yelmo de la salvación nos da una nueva perspectiva de nosotros mismos que se alinea con la opinión que el Padre tiene de nosotros.

Hace años, mi esposo y yo escribimos una canción llamada «Cuando te acepté». Escribí la letra acerca de recibir al Señor, antes de darme cuenta por completo de las consecuencias profundas de hacerlo (Debby Boone la grabó en dos de sus discos: *Choose Life*, y el más reciente, *Morningstar*. Por favor, visita www.debbyboone. com). Incluí la letra aquí porque resume de manera clara y sencilla lo que significa la salvación.

> Fuiste pobre
> para que yo disfrutara
> de la riqueza de tu creación.
> Te castigaron
> por todos mis errores
> para que fuera declarado inocente
> por asociación.
> Tomaste todo de lo que soy heredero
> y me diste lo que pertenecía a ti.
> ¿Qué más podría alguien hacer?

Cuando te acepté, nunca imaginé
que a mí me aceptarían también.
Tardé un poco en ver
que llevaste el rechazo de Dios,
para que Él nunca se apartara de mí.
Nunca supe que recibiría tanto
cuando te acepté.

Conociste la muerte
para que yo conociera la vida
y la restauración eterna.
Te enfrentaste al mundo
para que la imagen de Dios
pudiera reflejarse en mi ser
como una relación de sangre.
Las necesidades más profundas de toda mi vida
las supliste en la cruz.
¿Qué más podría alguien hacer?

Eres el hijo, o la hija, adoptado de Dios, quien es el Creador de todo y Rey del universo. Eso significa que seas de la realeza. Jesús sacrificó su vida para que usaras el yelmo de la salvación, que es como una corona en tu cabeza que te distingue como alguien real. Nos ponemos el yelmo de la salvación cuando recibimos al Señor, pero debemos recordar a cada instante *de qué* nos salvó Jesús, *para qué* nos salvó y quiénes somos en Él. De ninguna manera debemos minimizar jamás lo que significa eso. Recibir a Jesús nos da mucho más de lo que alguna vez podamos comenzar a darnos cuenta cuando hacemos ese compromiso con Él.

Ponte el yelmo de la salvación todos los días al recordar lo que Jesús hizo por ti y por qué ahora tienes el derecho de usarlo como una corona real.

Toma la espada del Espíritu, que es la Palabra de Dios

Cuando Jesús nació, Satanás trató de destruirlo al inspirar al malvado rey Herodes para que matara a los bebés de Belén. Treinta años después, cuando Jesús fue bautizado y el Espíritu Santo lo guio hacia el desierto, Satanás lo atacó de nuevo. El arma de Jesús en su contra fue la Palabra de Dios, que es la «espada del Espíritu». *Ninguna batalla espiritual puede librarse ni ganarse sin nuestra arma más grande: la Palabra de Dios.* El Espíritu Santo inspiró la Palabra de Dios. Es el aliento de Dios. El Espíritu Santo movió a cada escritor de la Biblia a medida que Dios usaba sus dones y su intelecto para hablarles *a* ellos y *a través de* ellos. La Palabra de Dios es tan poderosa que es una *espada de dos filos en nuestras manos* (Hebreos 4:12). Eso significa que es un arma *defensiva*, así como *ofensiva*. Como guerreros de oración necesitamos las dos cosas.

Cuando recibes al Señor, el Espíritu Santo en ti hace que la Palabra cobre vida en tu mente, alma y espíritu cada vez que la lees. Algunas personas dicen: «Esta parte de la Biblia fue solo para el pueblo del Antiguo Testamento, y esa parte fue solo para los discípulos, y aquella otra parte fue solo para los efesios, y esta fue solo para los filipenses», y así siguen hasta que se explica toda la Biblia como un simple libro histórico. *Ten cuidado con alguien que solo quiera hacer de la Biblia un libro de historia.* La Biblia es viva. Es viva y tiene poder para hoy. «Toda la Escritura es inspirada por Dios, y útil para enseñar, para redargüir, para corregir, para instruir en justicia, *a fin de que el hombre de Dios sea perfecto, enteramente preparado para toda buena obra»* (2 Timoteo 3:16-17).

Siento que aquí debo decir que cuando la Biblia dice algo como «hombre de Dios», del mismo modo en que aparece en los versículos antes citados, no excluye a las mujeres. Es como decir la «humanidad». Y todos sabemos que esa palabra también incluye a las mujeres. Así que, si eres mujer, no te preocupes por eso. Créeme, he oído muchas preocupaciones de hombres a los que les cuesta oír que se les llame «la esposa de Cristo».

Cada vez que leas la Palabra de Dios, quedará plantada con más firmeza en tu mente y corazón. Desde allí te protegerá de los ataques del enemigo. El siguiente capítulo, «Conviértete en un experto en tus armas espirituales», contiene información acerca de la manera de usar la Palabra de Dios como un arma en contra del enemigo, al igual que lo hizo Jesús. Por ahora, ponte la Palabra como una prenda protectora cada mañana. *Habla* la Palabra, *ora* la Palabra, *vive* la Palabra, y *deja que viva en ti* para que se convierta en parte de tu armadura.

Ora en todo tiempo con toda oración y súplica en el Espíritu

Dios quiere que seamos persistentes en nuestra oración. Eso es lo que significa orar sin cesar. No es una clase de oración intermitente que comienza y se detiene cada vez que estoy desesperado. Es deliberada. Es con conocimiento de lo que hacemos y por qué lo hacemos. No es una clase de oración al azar, como lanzar los dados y ver lo que sale. Es orar siempre, con toda clase de oración y súplica en el Espíritu, lo cual significa que el Espíritu Santo hace que cobre vida.

Orar en todo tiempo significa orar por las cosas y no rendirse. Significa estar muy alertas y perseverantes en la oración para ver un cambio radical.

Es importante orar de acuerdo a la voluntad de Dios. «*Si pedimos alguna cosa conforme a su voluntad,* él nos oye» (1 Juan 5:14). La manera de hacer eso es orar con la Palabra de Dios entretejida en nuestro corazón y nuestras oraciones. «*Si permanecéis en mí, y mis palabras permanecen en vosotros,* pedid todo lo que queréis, y os será hecho» (Juan 15:7). Y es orar con la dirección del Espíritu.

Después que Jesús les enseñó a sus discípulos a orar lo que llamamos el Padrenuestro, dijo: «¿Quién de ustedes, que tenga un amigo, va a verlo a medianoche y le dice: "Amigo, préstame tres panes, porque un amigo mío ha venido a visitarme, y no tengo nada que ofrecerle"? Aquel responderá desde adentro y le dirá: "No me molestes. La puerta ya está cerrada, y mis niños están en la cama conmigo. No puedo levantarme para dártelos". Yo les digo que, aunque no se levante a dárselos por ser su amigo, sí se levantará por su insistencia, y le dará todo lo que necesite» (Lucas 11:5-8, RVC). *Jesús dice que sigas pidiendo.* Jesús dijo: «Así que pidan, y se les dará. Busquen, y encontrarán. Llamen, y se les abrirá. Porque todo aquel que pide, recibe; y el que busca, encuentra; y al que llama, se le abre» (Lucas 11:9-10, RVC). *Jesús dice que sigas orando.*

Vela en oración

Cuando un soldado está en servicio activo, duerme con su equipo de batalla. No se pone su cómoda pijama y sus chinelas de felpa cuando está en el campo de batalla. Se queda vestido en caso de un ataque sorpresa. Nosotros hacemos lo mismo. No nos quitamos la armadura cuando vamos a la cama en la noche. Nos protege mientras estamos dormidos. Sin embargo, en la mañana necesitamos ponérnosla fresca y nueva, pulida, por así decirlo, a fin de que tengamos la máxima protección durante el día.

Parte de nuestra armadura protectora es nuestra propia oración. Durante años, les he dicho esto a los que están en mis grupos de oración, y ellos lo han sentido y observado. Es decir, hay bendición para nosotros cuando oramos. Aunque no es algo que esperamos, recibimos grandes premios cuando oramos como respuesta al llamado de Dios en nuestra vida. La oración que se hace de vez en cuando no da ese resultado. La oración constante de todos los días es la que parece que desarrolla recompensas para nosotros en un banco santo del cielo. Seguimos haciendo depósitos, y cuando necesitamos hacer un retiro grande en la tierra, tenemos suficiente para cubrirlo. No puedo demostrarte esto, pero sé por experiencia que es cierto. Trata de orar con frecuencia y de manera constante, y observa si no es cierto contigo también. Mientras más ores, más respuestas a tus oraciones verás.

Nuestras oraciones no se responden como una manera de recompensa por un buen comportamiento, como un niño a quien se le promete un helado si se porta bien en el supermercado. Nuestra obediencia a Dios es evidencia de que estamos alineados con su voluntad. Lo más importante no es recibir lo que *nosotros* queremos en oración, sino lograr lo que quiere *Dios*. Nos deleitamos en Él primero. Hacemos que complacerlo sea nuestra prioridad y nuestro gran deseo. «Pon tu delicia en el Señor, y Él te dará las peticiones de tu corazón» (Salmo 37:4, LBLA).

Cuando nos deleitamos en Él y escuchamos la dirección de su Espíritu Santo mientras oramos, suceden cosas poderosas.

Oración para el guerrero de oración

SEÑOR, ayúdame a ponerme toda la armadura espiritual que me has provisto, a fin de que todos los días pueda «estar firme contra las asechanzas del diablo». Muéstrame cómo ceñirme el torso de mi ser con tu verdad para que no caiga en el engaño de ninguna clase. Enséñame a no solo *conocer* tu verdad, sino a *vivirla*. Ayúdame a ponerme la coraza de justicia que me protege de los ataques del enemigo. Sé que tu justicia *en* mí es la que me protege, pero también sé que no debo olvidar ponerme tu justicia como un chaleco antibalas al hacer lo que es agradable a tus ojos. Revélame pensamientos, actitudes y hábitos de mi corazón que no te agraden. Muéstrame lo que hice, o lo que estoy *a punto de* hacer, que no te glorifica. Quiero ver cualquier cosa en mí que viola tus altos estándares para mi vida, de manera que pueda confesarlo, alejarme de ello y ser limpio de cualquier perversidad.

Gracias, Jesús, porque tengo paz que sobrepasa el entendimiento por lo que lograste en la cruz por mí. Ayúdame a estar seguro con mis pies protegidos con la buena noticia que ya preparaste y aseguraste para mí. Debido a que tengo paz *contigo* y *de* ti, no solo puedo permanecer firme, sino caminar también hacia delante en contra del enemigo y recuperar el territorio que nos robó a todos.

Gracias por haberme dado fe y porque mi fe ha aumentado en tu Palabra. No tengo fe en mi propia fe, como si yo mismo hubiera logrado algo, sino que tengo fe en ti y en tu fidelidad para conmigo, que es un escudo para las flechas del enemigo. Así como fuiste escudo para Abraham y para David, lo eres también para mí. Gracias porque aunque mi fe vacile algún día, tu fidelidad nunca vacilará. «Señor de los ejércitos, ¡cuán dichoso es el que en ti confía!» (Salmo 84:12, RVC). Ayúdame a recordar tu fidelidad en cada momento. Tú, Señor, eres «mi fortaleza y mi escudo»; mi corazón confía en ti, «pues recibo tu ayuda» (Salmo 28:7, RVC). Permíteme tomar el escudo de la fe como una protección constante del enemigo. Mi alma espera en ti, Señor, mi ayuda y mi escudo (Salmo 33:20).

Ayúdame a ponerme el yelmo de la salvación para que cada día proteja mi cabeza y mi mente al recordar de todo lo que me has salvado, incluso de las mentiras del enemigo. Permite que solo recuerde lo que *tú* dices acerca de mí y no lo que el enemigo quiere que crea. Gracias porque tu yelmo de la salvación me protege de la guerra en mi mente. Tu salvación me da todo lo que necesito para vivir con éxito.

Ayúdame a tomar la espada del Espíritu todos los días, porque tu Palabra no solo me *protege* del enemigo, sino que es mi *arma* más grande en su contra. Permíteme orar siempre según me guíe tu Espíritu, y a seguir orando por todo el tiempo que deba hacerlo. Enséñame a ser el guerrero de oración fuerte e inquebrantable que tú quieres que sea, de modo que pueda cumplir tu voluntad.

Te lo pido en el nombre de Jesús.

La noche está avanzada, y se acerca el día.
Desechemos, pues, las obras de las tinieblas,
y vistámonos las armas de la luz.

ROMANOS 13:12

7

CONVIÉRTETE EN UN EXPERTO
EN TUS ARMAS ESPIRITUALES

Así como un soldado se entrena de manera diligente con sus armas para que le vaya bien en la batalla, nosotros también debemos hacerlo con nuestras armas espirituales para que nos vaya bien en cada batalla que *enfrentemos*. Cuando los SEAL de la Armada van a una misión, cada uno carga no solo su arma principal, que es un poderoso rifle automático, sino que también tiene otras armas, como una pistola pequeña, un arma blanca o dos, explosivos, suficientes municiones y otros artículos específicos y clave que le dan ventaja sobre el enemigo.

Antes de cada misión, los SEAL examinan sus armas con cuidado para asegurarse de que tienen justo las adecuadas para lo que están a punto de hacer. Conocen bien sus armas y tienen tanta habilidad que su uso se ha convertido en algo instintivo. Practican con ellas hasta que nunca se equivocan, pues no pueden darse el lujo de cometer un error. Nosotros también debemos llegar a conocer tanto nuestras armas espirituales y ser tan hábiles con las mismas que funcionar con ellas se convierte en algo instintivo para nosotros. No podemos darnos el lujo de hacer lo contrario.

Nuestra arma principal es la espada del Espíritu

Como guerreros de oración en el ejército de Dios, debemos entrenar con nuestra arma principal, que es la Palabra de Dios.

No solo es una parte de nuestra armadura *protectora*, sino un *arma* poderosa también. Es muy certera, y si conoces bien cómo manejarla como arma en contra del enemigo, es infalible. Si apuntas de manera adecuada, da justo en el blanco cada vez. Mientras más hábil seas usando esta arma poderosa, más ventaja tendrás. En realidad, el enemigo no puede permanecer firme en su contra. Ningún soldado *resiste* al enemigo sin su arma. Ni tampoco un soldado *ataca* jamás a su enemigo sin el arma que sabe usar mejor. Entiende sus capacidades, la conoce muy bien y ha practicado con ella innumerables veces. Las armas de un soldado siempre se mantienen bajo los estándares más altos y listas para su uso. Nosotros también debemos hacer lo mismo. No podemos esperar hasta que el enemigo ataque para familiarizarnos con nuestras armas espirituales; tenemos que conocer cada arma ahora, a fin de que estemos preparados para cualquier cosa. La Palabra de Dios es nuestra mejor arma porque siempre será justo lo que necesitemos para enfrentar cada amenaza.

Dios es inmutable. Eso se debe a que no *necesita* cambiar. Es perfecto y completo. Y su Palabra es la misma. La espada del Espíritu nunca es irrelevante, sin importar cuánto el enemigo trate de hacer que parezca de esa manera. Por eso es que puedes reclamar promesas en la Biblia como la verdad absoluta para tu vida. Cuando el enemigo tentó a Jesús en el desierto, Él lo resistió con pasajes bíblicos dirigidos de forma específica a hacer fracasar las tentaciones del enemigo. Hasta el enemigo sabe que la Palabra de Dios es poderosa e infalible y que nunca puede prevalecer en su contra. Por eso es que, al final, dejó a Jesús en paz. No pudo *engañarlo* de la manera en que puede hacerlo con demasiados de *nosotros*.

Nuestra fe es de suma importancia en la eficacia de esta arma principal. Y mientras más nos entrenemos y practiquemos en nuestro conocimiento y retención de la Palabra, más se desarrolla nuestra fe. Mientras más diligentes seamos en *leer* la Palabra, *citar* la Palabra, *orar* la Palabra y *practicar* la Palabra, nuestra fe será más fuerte. Nuestra arma suprema, la Palabra de Dios, mezclada con nuestra fe, demostrará ser el arma invencible que necesitamos en cada situación.

Cuando los tiradores o francotiradores entrenan, lo hacen a tiempo completo. Hacen que la práctica con su arma sea una forma de vida para que llegue a ser parte de lo que son. En las misiones a las que los envían, no pueden darse el lujo de no dar en el blanco. Tienen que acertar cada vez. De esa misma manera, nuestra arma suprema, la Palabra de Dios, debe convertirse en parte de lo que *somos* y no solo algo que leemos o escuchamos. Tenemos que leerla con atención, leerla *toda*, comprenderla, y poder ser capaces de permanecer sólidos en cada cosa que sabemos de ella. Eso requiere práctica.

Por eso es que es importante leer la Biblia todos los días. Pídele al Espíritu Santo que permita que lo que leas ese día cobre vida de una manera nueva y más profunda en ti. El Espíritu Santo se encontrará contigo en la página y hará justo eso. También es crucial tener algunos versículos grabados en tu memoria para que puedas sacarles provecho cuando necesites hacerlo. Si nunca lo has hecho, comienza solo con uno. Por ejemplo, puse a continuación cuatro versículos. Toma uno y léelo una y otra vez durante una semana. Escríbelo en un pedazo de papel o tarjeta y llévalo contigo. Pégalo en tu espejo o refrigerador o donde tus ojos lo vean a menudo. Repítelo. Proclámalo. Haz que llegue a ser parte de ti. Cuando sientas que está firme en ti, agrega el siguiente y haz lo mismo. Te garantizo que necesitarás estos versículos por el resto de tu vida. Y de seguro que, cuando ores, los necesitarás claros y fuertes en tu mente y corazón.

Primera semana: «Si Dios es por nosotros, ¿quién contra nosotros?» (Romanos 8:31).

Segunda semana: «No nos ha dado Dios espíritu de cobardía, sino de poder, de amor y de dominio propio» (2 Timoteo 1:7).

Tercera semana: «No os conforméis a este siglo, sino transformaos
    por medio de la renovación de vuestro entendimiento,
    para que comprobéis cuál sea la buena voluntad de Dios,
    agradable y perfecta» (Romanos 12:2).

Cuarta semana: «Por nada estéis afanosos, sino sean conocidas
    vuestras peticiones delante de Dios en toda oración y
    ruego, con acción de gracias. Y la paz de Dios, que sobre-
    pasa todo entendimiento, guardará vuestros corazones y
    vuestros pensamientos en Cristo Jesús» (Filipenses 4:6-7).

(Encontrarás más para escoger después de cada oración en el capítulo
12, «Haz las oraciones que debe saber cada guerrero de oración»).

La memorización de pasajes bíblicos no es algo para usarlo
como una insignia de honor y autosatisfacción, ni para golpearte si
no lo has hecho. Más bien, es para verlo como un instrumento de
supervivencia y guerra. En primer lugar, evita que hagas lo inde-
bido. «En mi corazón he guardado tus dichos, para no pecar contra ti» (Salmo 119:11). Y te da un fundamento inconmovible cuando
tienes situaciones difíciles. «Mucha paz tienen los que aman tu ley,
y no hay para ellos tropiezo» (Salmo 119:165).

Tener pasajes bíblicos grabados en tu corazón nunca debería
ser un reto abrumador que de alguna manera te cause desaliento.
Debería ser un gozo y no una carga. No tienes que memorizar toda
la Biblia, ni siquiera un libro, ni un capítulo. Claro, sería genial si
pudieras hacerlo, pero como guerrero de oración debes tener versículos clave que lleguen a ser tanto una parte de ti, que puedas pro-
nunciarlos en el momento que los necesites. No lo consideres una
memorización. Considéralo como decir algo tantas veces que se
grabe en tu cerebro y en tu corazón.

No lo veas como demasiado trabajo. No es más trabajo que
comer. Es *alimentar tu espíritu* y *anclar tu alma* con algo que te
nutrirá, te fortalecerá, te protegerá y cambiará tu vida. Esa es una
parte crucial de la relación viva que tienes con Dios por medio de

Jesús, su Hijo, y del Espíritu Santo en ti, quien te guía día a día y momento a momento. Deja que se convierta en parte de tu vida, de manera tan natural como beber agua o cepillarte los dientes. Cuando leas la Palabra de Dios y la repitas con bastante frecuencia, llegará a ser como el arma de un soldado. Si lo hicieras con un versículo a la semana o incluso al mes, tendrías mucho más de la Palabra grabada en tu mente y corazón que la mayoría de la gente en toda una vida. Te sorprenderás de la fortaleza y la seguridad que sientes cuando estás armado como es debido.

Siempre que leas la Palabra de Dios, llegará a estar cada vez más arraigada en tu corazón, sin importar cuántas veces la leyeras antes. Cuando hablas la Palabra de Dios ante cada ataque del enemigo, le introduces una espada a sus planes. Aunque la Biblia llama a la Palabra de Dios la espada del Espíritu, no debemos blandirla como un arma en contra de la gente. Debemos recordar a cada instante quién es nuestro verdadero enemigo. Siempre se utiliza con más eficacia en contra del enemigo. Con la gente, hablamos la Palabra de Dios para estimularla, edificarla, dirigirla, liberarla, aconsejarla, informarla, fortalecerla y afirmarla en amor.

La Palabra nos transformará cada vez que la leamos. Si no tiene efecto en nosotros y en realidad no *vivimos* la Palabra, nuestras oraciones no tendrán poder. Si la hablamos y no la creemos, o la leemos y no la vivimos, no tendrá el efecto transformador en nuestros corazones que podría tener. Sin embargo, no hay manera de que no nos afecte si *procuramos escuchar* de Dios en sus páginas.

No me malentiendas. La Palabra de Dios es poderosa en sí misma para transformar las vidas y las situaciones, pero la gente que no tiene fe en Dios ni en su Palabra no puede encauzarla en la oración ni verla penetrar en las situaciones con impacto. No puedes decir: «He aquí un versículo que voy a lanzar para allá. No sé lo que quiere decir y no lo creo en realidad, pero vale la pena intentarlo». Allí no hay poder. Si el mismo Jesús, el Hijo de Dios, no pudo hacer milagros en presencia de la incredulidad, ¿cuánto menos podemos nosotros hacerlos en presencia de *nuestra* propia incredulidad?

Cada vez que leas la Palabra de Dios, esta debería inspirar una oración ya sea por ti mismo, por otra persona o por alguna situación que conoces. Cuando ores, incluye la Palabra en tus oraciones. La Palabra de Dios nunca es ineficaz. Él dice de su Palabra: «Como desciende de los cielos la lluvia y la nieve, y no vuelve allá, sino que riega la tierra, y la hace germinar y producir, y da semilla al que siembra, y pan al que come, así será mi palabra que sale de mi boca; no volverá a mí vacía, sino que hará lo que yo quiero, *y será prosperada en aquello para que la envié*» (Isaías 55:10-11). Necesitamos que la Palabra riegue y alimente nuestra alma, y Dios promete que producirá más allá de lo que soñemos posible.

La adoración es un arma poderosa en contra del enemigo

Después que nos ponemos nuestra armadura protectora (la verdad, la justicia, el evangelio de la paz, la fe, la salvación y la espada del Espíritu), hay otras armas poderosas que Dios nos ha dado en contra del enemigo con las que también debemos llegar a ser diestros. Un arma muy poderosa es la alabanza y la adoración.

El enemigo desprecia tanto nuestra adoración y alabanza a Dios que ni siquiera puede estar en la presencia de cualquiera que esté haciéndolo de manera activa. Así que, cuando quieras que el enemigo huya, adora a Dios. Es una de nuestras armas más grandes en la guerra en su contra. Y es nuestra respuesta apropiada a Dios por todo lo que hizo y está haciendo en nuestra vida.

A la alabanza se le llama sacrificio porque sacrificamos nuestro tiempo y enfoque en nosotros mismos para dirigir nuestra atención al Señor. Cuando adoramos a Dios, dejamos todo lo que nos consume y llegamos a estar consumidos en *Él*. La alabanza y la adoración apartan el enfoque de nosotros mismos y lo ponemos en su totalidad en Dios. Reconocemos por completo que Jesús es todo y lo alabamos por todo lo que Él *es* y ha *hecho* por nosotros. Lo adoramos por su sacrificio de sangre en la cruz por nosotros, y lo alabamos por su amor que nos demostró al poner de forma voluntaria su vida para que pudiéramos vivir con Él para siempre. Lo alabamos por su perdón de todos nuestros pecados, a fin de que nunca más estemos separados de Dios.

Lo alabamos por el regalo de la vida que nos ha asegurado y por las otras innumerables cosas que nos ha dado. Lo adoramos por todo lo que es: Dios, Señor, Salvador, Libertador, Sanador, Proveedor, Protector y mucho más. En otras palabras, nunca nos falta razón para adorar y alabar a Dios.

Si la oración en su forma más simple es comunicarse con Dios, la alabanza y la adoración es la forma más pura de la oración.

Pablo les dijo a los efesios que anduvieran sabiamente porque los días eran malos y tenían que entender siempre cuál era la voluntad de Dios para ellos (Efesios 5:15-16). ¿No se parece a lo que sucede hoy? ¿Ahora mismo? ¿No son los días malos? ¿No necesitamos con urgencia saber la voluntad de Dios en todo lo que hacemos? Pablo les dijo: «No os embriaguéis con vino, en lo cual hay disolución; *antes bien sed llenos del Espíritu*, hablando entre vosotros con salmos, con himnos y cánticos espirituales, cantando y alabando al Señor en vuestros corazones» (Efesios 5:18-19).

Ser llenos del Espíritu no es algo de una sola vez. El verbo aquí implica que necesitamos ser *llenos de manera continua*. Eso no significa que el Espíritu Santo se acabe ni que se disipe en ti. Significa que necesitamos ser llenos *de nuevo* con más de lo que Dios tiene para nosotros. Eso implica que tenemos una opción. ¿A qué estamos dispuestos? En lugar de ser llenos de cosas temporales, debemos llenarnos con lo que es eterno: un pozo que nunca se seca. Cuando nos llenamos de nuevo cada día con el Espíritu Santo, nuestra adoración tampoco se seca jamás. No puede.

Una de las cosas más grandiosas en cuanto a la alabanza y la adoración, y la misma razón por la que son tan poderosas, es que cuando adoramos a Dios, Él habita en nuestra alabanza.

Cuando adoras a Dios, su presencia llega a estar contigo con gran poder. No es de sorprenderse que el enemigo no pueda estar allí. La Biblia dice: «El Señor es el Espíritu; y *donde está el Espíritu del Señor, allí hay libertad*» (2 Corintios 3:17). ¿No es esa la mejor noticia? Significa que en la presencia del Espíritu Santo somos liberados. Jesús te da el Espíritu Santo cuando tú lo recibes, pero el Espíritu Santo espera que lo invites a *manifestarse* de maneras mayores en tu vida. Tu adoración es esa invitación. Como respuesta, Él llega a vivir en ti en una medida y un poder incluso mayores.

Pablo continúa diciendo: «Nosotros todos, mirando a cara descubierta como en un espejo la gloria del Señor, *somos transformados de gloria en gloria en la misma imagen*, como por el Espíritu del Señor» (2 Corintios 3:18). Cuando adoramos al Señor, vamos de gloria en gloria. Somos transformados. Mientras más lo adoramos, más lo vemos reflejado en nosotros. La verdad es que reflejamos lo que contemplamos. Mientras más vemos a Jesús en adoración, más nos transformamos a su imagen por el poder de su Espíritu.

Cuando te entrenas de manera diligente con tus armas espirituales, significa que las usas tan a menudo que cuando el enemigo ataca, automáticamente vuelves a lo que sabes. Por eso debes recordar *adorar a Dios en cuanto percibas un ataque del enemigo.*

El enemigo detesta tu adoración a Dios porque su propio gran objetivo es hacer que en lugar de eso lo adores a él.

No reacciones a un ataque del enemigo con duda, temor o falta de entendimiento en cuanto a las cosas espirituales. Haz lo que se te ha entrenado para hacer, pues es una acción instintiva para ti. Eso significa elevar alabanza al Señor de inmediato y proclamar su poder sobre el mal. Adóralo como Señor de tu vida y tus circunstancias.

Dios quiere que le presentemos *todo* nuestro ser en adoración. «Así que, hermanos, os ruego por las misericordias de Dios, que *presentéis vuestros cuerpos en sacrificio vivo, santo, agradable a Dios, que es vuestro culto racional*» (Romanos 12:1). Cuando te despiertas todos los días, entrégate a ti mismo y tu día al Señor. Decide tener un corazón de agradecimiento, alabanza y adoración. Agradécele a Dios por el día. Adóralo por todo lo que estás agradecido. Adóralo por lo que es Él. Si no alabas y adoras a Dios todos los días, no estás preparado para *nada*. Cuando la adoración y la alabanza llegan de forma automática, estás preparado para *todo* lo que te lanzará el enemigo.

Pablo dijo: «*Regocíjense en el Señor siempre.* Y otra vez les digo, ¡regocíjense!» (Filipenses 4:4, RVC). «Por tanto, *ofrezcamos continuamente mediante Él, sacrificio de alabanza a Dios,* es decir, el fruto de labios que confiesan su nombre» (Hebreos 13:15, LBLA). Eso significa que la alabanza debería ser continua y regular.

No hay nada más poderoso que la adoración a Dios. Eso puede agitar las cosas en el reino espiritual y en nuestra vida como nada más puede hacerlo. Hace que las cadenas caigan de la gente. Pablo y Silas estaban en prisión por su fe en Jesús, pero en lugar de quejarse y de cuestionar a Dios respecto a por qué estaban allí, «se pusieron a orar y a cantar himnos a Dios, y los otros presos los escuchaban. *De repente se produjo un terremoto tan fuerte que la cárcel se estremeció hasta sus cimientos. Al instante se abrieron todas las puertas y a los presos se les soltaron las cadenas*» (Hechos 16:25-26, NVI®).

Ahora bien, esa es la clase de terremoto que deseamos nosotros: el que rompe cadenas y libera cautivos.

La gracia de Dios es un arma en contra del enemigo

La *gracia es el favor inmerecido de Dios.* Cuando los apóstoles presenciaron la resurrección de Jesús, experimentaron el poder de Dios y su «gracia era sobre todos ellos» (Hechos 4:33). *Gracia también significa la operación del poder de Dios.* Dios no solo nos salva por gracia, sino que nos da su Espíritu Santo, cuyo poder también obra en nosotros por la gracia de Dios. Nosotros no merecemos la gracia ni el poder de Dios, pero por lo que Jesús logró en la cruz se nos dan esos regalos.

El profeta Zacarías dio palabra de Dios a Zorobabel, quien era el gobernador de Judá y el responsable de la reconstrucción del templo. Zacarías dijo que la reconstrucción no se lograría con poder humano ni con la fuerza de un ejército, sino con el Espíritu Santo de Dios que los capacita. Dios dijo que no sucedería «*por el poder ni por la fuerza, sino por mi Espíritu*» (Zacarías 4:6, LBLA).

Entonces, Dios instruyó a Zorobabel para que le hablara con gracia al monte (el monte era el obstáculo de Satanás que se oponía a cualquiera que tratara de reconstruir el templo). El Señor continuó y dijo: «¿Quién eres tú, oh gran monte? Ante Zorobabel, te convertirás en llanura; y él sacará la piedra clave entre *aclamaciones de "¡Gracia, gracia a ella!"*» (Zacarías 4:7, LBLA). En otras palabras, la reconstrucción del templo ocurriría por la gracia de Dios. Zorobabel tenía que *comunicarle la gracia de Dios a la situación*.

Esa es una lección poderosa para todos nosotros, y no debemos olvidarla.

Nosotros también podemos comunicarle «gracia» a nuestro monte de obstáculos. Podemos hablar la Palabra de Dios en fe, e invitar al Espíritu Santo a que obre con poder a través de nosotros cuando oramos. Entonces, cuando estemos seguros de cuál es la voluntad de Dios, podemos comunicarle «gracia» a la inconquistable oposición del enemigo. Y el enemigo no tendrá poder en su contra, porque no puede decirnos que no merecemos la gracia de Dios. Nosotros ya sabemos eso. No puede decirnos que no somos lo bastante poderosos para hacer que eso ocurra. Eso también lo sabemos. Todo lo que tenemos que saber es que *Dios* es poderoso y está lleno de gracia, y *Él* hará que suceda.

Habrá muchas veces en las que la oposición del enemigo al asunto por el que oras parezca tan monumental e inamovible como una montaña. Cuando eso ocurra, comunícale gracia a esa montaña espiritual. Si estás en un lugar donde puedes *gritar* gracia, di: «Señor, le grito *gracia* a esta montaña. Derríbala para que no tenga poder». Recuerda que Dios le dijo a Zorobabel que la reconstrucción del templo no se haría con la fortaleza humana, sino con su Espíritu Santo. Lo mismo ocurre con la montaña a la que *te* enfrentas. Invita al Espíritu Santo para que obre un milagro en tu situación. Pronuncia la gracia de Dios a cualquier montaña inamovible que el enemigo te ponga delante. *El enemigo nunca puede oponerse a lo que Dios quiere hacer con su gracia.*

El ayuno con la oración es un arma en contra del enemigo

En la Biblia, la gente ayunaba y oraba antes de tomar decisiones importantes. Pablo hizo señales y maravillas extraordinarias cuando la iglesia ayunaba y oraba. La gente se enviaba al ministerio después de ayunar y orar. Ester hizo un llamado a los judíos para que ayunaran y oraran para salvar a su pueblo de la aniquilación. El ayuno derriba los planes del enemigo y cumple la voluntad de Dios.

Debido a que la guerra espiritual es continua, debemos orar de manera continua. Los discípulos de Jesús estaban decididos a hacer que la oración y la enseñanza de la Palabra fueran una prioridad. Dijeron: «Nosotros *nos dedicaremos de lleno a la oración* y al ministerio de la palabra» (Hechos 6:4, NVI®). Esa también debe ser *nuestra prioridad*. Aun así, nuestra oración debe aumentar en poder cuando también *ayunamos* con la oración. El ayuno es un arma formidable en contra del enemigo para ver fortalezas derribadas y que haya avances.

El ayuno puede «romper las cadenas de injusticia», «desatar las correas del yugo», «poner en libertad a los oprimidos», «romper toda atadura» y mucho más (Isaías 58:6, NVI®). Lee Isaías 58:6-14 para ver todo lo que el Señor hará cuando ayunes. Te inspirará y estimulará. Un ayuno no tiene que durar más de lo que puedes manejar. Un ayuno de veinticuatro horas es poderoso y eficaz. Incluso, ayunar en una comida o dos, y orar en lugar de comer, puede lograr un gran avance. Sé que quizá no te parezca mucho, y tal vez pienses: *¿Cómo puede eso ser suficiente para lograr algo?* No obstante, sí puede. Lo he visto innumerables veces en mi propia vida y en la vida de otros.

El ayuno y la oración es un arma poderosa en contra del enemigo. Así que cuando necesites un avance en cualquier aspecto de tu vida, ayuna y ora, y mira lo que Dios hace como respuesta. Algunas cosas no pasarán sin esto.

La fe no es solo un escudo; es un arma

No podemos hacer nada sin fe, en especial agradar a Dios. «*Sin fe es imposible agradar a Dios*, porque es necesario que el que se acerca a Dios crea que él existe, y que sabe recompensar a quienes lo buscan» (Hebreos 11:6, RVC). Tener fe en Dios es lo opuesto a confiar en nosotros mismos. Fe significa estar convencidos de que Dios hará lo que prometió, por lo que dejamos de luchar por hacer todo por nuestra cuenta.

La Biblia dice de la fe de Abraham que estaba seguro de que Dios haría lo que dijo que haría. «Estando plenamente convencido de que lo que Dios había prometido, poderoso era también para cumplirlo. Por lo cual también su fe le fue contada por justicia» (Romanos 4:21-22, LBLA). Tener esa misma seguridad de que Dios no solo nos *protege* del enemigo, sino que también lo *derrota*.

Nuestra fe firme no solo sirve como escudo protector, sino también es una de nuestras armas poderosas en contra del enemigo.

Debemos tener fe en que Dios escucha y responderá nuestras oraciones. Jesús dijo: «Tengan fe en Dios. Porque de cierto les digo que *cualquiera que diga a este monte: "¡Quítate de ahí y échate en el mar!"*, su orden se cumplirá, siempre y cuando no dude en su corazón, sino *que crea que se cumplirá*. Por tanto, les digo: *Todo lo que pidan en oración, crean que lo recibirán, y se les concederá*» (Marcos 11:22-24, RVC). Eso no significa que nosotros le decimos a Dios qué hacer. No le dictamos la forma ni el tiempo en que Dios responde nuestras oraciones. *No tenemos fe en nuestra fe para que pensemos que nosotros controlamos las cosas con nuestra fe.* Nosotros no vamos a obligar a Dios a hacer algo que no sea su voluntad.

Algo sucede cada vez que oramos, pero no podemos ponerle límites a lo que creemos que Dios puede hacer o hará, porque la respuesta depende de Él.

Pídele a Dios la fortaleza para resistir las circunstancias difíciles con la esperanza en tu corazón y la fe que no renuncia, incluso en medio de una tormenta. La Biblia dice: «*Pero que pida con fe, sin dudar*, porque quien duda es como las olas del mar, agitadas y llevadas de un lado a otro por el viento. Quien es así no piense que va a recibir cosa alguna del Señor» (Santiago 1:6-7, NVI®). Cuando vives por fe, perseveras en cualquier oposición.

La Biblia dice: «*El justo vivirá por fe*; y si retrocediere, no agradará a mi alma» (Hebreos 10:38). Dice que debemos estar firmes en la fe, porque «*la fe la certeza de lo que se espera, la convicción de lo que no se ve*» (Hebreos 11:1). Sara hizo lo imposible. Concibió y dio a luz a un niño cuando tenía noventa años, mucho después del tiempo en que una mujer puede hacerlo. Eso ocurrió porque le creyó a Dios y sabía que Él era fiel para hacer lo que dijo que haría (Hebreos 11:11). No vio sus incapacidades, sino que se enfocó en la capacidad de Dios para hacer lo imposible. Nosotros también debemos tener la clase de fe que cree que Dios puede hacer lo imposible cuando oramos.

Tenemos que dejar de ver nuestras propias imposibilidades y, en su lugar, ver al Dios de lo imposible con fe.

La fe firme significa que creemos cien por cien en Dios y en su Palabra, ya sea que veamos cada oración respondida como queremos o no. El hecho de que se cumpla todo lo que pides o no, de ninguna manera debería ser el factor determinante en la fortaleza de tu fe ni en tu actitud hacia Dios. Tu caminar firme de fe solo tiene que ver con creerle a Dios. Cada día proclama en tu corazón que Jesús es Señor de tu vida y que tienes fe absoluta en Él. Entonces, no importa lo que pase en ti y en tu alrededor, tu fe se convierte en un arma en contra del enemigo.

El soldado no cuestiona a su comandante, ni decide no seguir sus órdenes. No tiene el privilegio de sentarse a juzgar a su comandante ni lo que se requiere que haga. Y nosotros tampoco. La Biblia dice que «ningún soldado se enreda en los asuntos de la vida civil, porque de ser así, no podría agradar al oficial que lo reclutó» (2 Timoteo 2:4, NTV). Eso significa que todo buen soldado obedece de manera estricta a su comandante, sin preguntas que vengan de su carne. Como guerreros de oración, tú y yo debemos escuchar y obedecer a nuestro Comandante y no juzgar sus decisiones, sus respuestas a nuestras oraciones. Confiar en Dios significa que lo obedecemos sin cuestionar. *Esa* es una fe firme. Y no solo es un escudo, sino un arma que destruye la obra del enemigo.

La oración siempre es un arma poderosa en contra del enemigo

Aunque la oración es la batalla en sí, también es un arma. En oración le decimos a Dios lo que queremos que haga. No se trata de que Él no sepa el problema o que no sepa lo que sucede. Él sabe lo que va a sobrevenir antes de que ocurra. Antes de que veamos la necesidad, ya Él sabe la respuesta. «Sucederá que *antes que ellos clamen, yo responderé; aún estarán hablando, y yo habré oído*» (Isaías 65:24). Dios ha establecido que *oremos* y que Él *responde*. Él no nos hace robots. No nos impone su voluntad. Espera que escojamos *su* voluntad y no la nuestra. La razón por la que decide hacerlo es para que caminemos con Él en una relación cada vez más profunda.

Ahora mismo, está usando cualquier situación difícil que tengas en tu vida para acercarte más a Él en oración, en su Palabra y en adoración. Quiere que dependas de Él porque desea llevarte a lugares que no puedes ir sin su compañía. No puedes llegar allí sin su ayuda. Quiere hacerte pleno y fuerte, de una manera que nunca podrías ser sin Él. Quiere enseñarte cosas que no comprenderías sin su Espíritu en ti.

Lo que Dios quiere hacer *en* ti, *a través de* ti y *para* ti es más de lo que puedes imaginar. «Cosas que ojo no vio, ni oído oyó, ni han subido en corazón de hombre, son las que Dios ha preparado para los que le aman. Pero Dios nos las reveló a nosotros por el Espíritu; porque el Espíritu todo lo escudriña, aun lo profundo de Dios» (1 Corintios 2:9-10).

Imita a Jesús cuando ores. Él consideraba la oración como comunión con su Padre celestial. No era una tarea. Era una necesidad.

Jesús oraba a primera hora de la mañana. «A la mañana siguiente, antes del amanecer, Jesús se levantó y fue a un lugar aislado para orar» (Marcos 1:35, NTV).

Jesús oraba en la noche. «Jesús fue al monte a orar, y pasó la noche orando a Dios» (Lucas 6:12, RVC).

Jesús oraba solo. «Luego de despedir a la gente, subió al monte a orar aparte. Cuando llegó la noche, Jesús estaba allí solo» (Mateo 14:23, RVC).

Jesús oraba sin cesar. «*Estén siempre vigilantes, y oren* para que puedan escapar de todo lo que está por suceder, y presentarse delante del Hijo del hombre» (Lucas 21:36, nvi®).

Jesús no podía hacer nada sin orar. «El Hijo no puede hacer nada por su cuenta, sino lo que ve hacer al Padre; porque todo lo que hace el Padre, eso también hace el Hijo de igual manera» (Juan 5:19, lbla).

Tenemos que orar como lo hizo Jesús: de día y de noche, sin cesar, en privada comunión con Dios.

Cuando llevas tus preocupaciones y necesidades al Señor y le pides que supla esas necesidades, eso se llama oración petitoria. Cuando le pides algo al Señor, no dejas de orar. Se lo presentas una y otra vez si es necesario, hasta que sientes paz en tu corazón de que lo dejaste de verdad en sus manos. Después de cada oración, dale gracias por haber escuchado tus oraciones y porque responderá a su manera y a su tiempo.

Dios es muy específico en cuanto a lo que quiere de nosotros. Tú también debes ser específico. A medida que oras, dile a Dios que, por encima de todo, lo que quieres es que se haga su voluntad. Porque si oras por algo que *no* es su voluntad, tú quieres saberla y ser guiado por su Espíritu Santo para orar por lo que debes. No te sientes a juzgar la manera en que crees que oraste. Ese no es tu trabajo. Tu trabajo es orar. El trabajo de Dios es responder de la forma que Él quiere. Y, desde luego, no te sientes a juzgar el modo en que te respondió Dios, a menos que te gusten los relámpagos. Solo ora y deja el resultado en las manos de Dios para que responda a su manera y a su tiempo. Entonces, cada vez que ores, tus oraciones se convertirán en un arma en contra del enemigo y sus planes para tu vida.

ORACIÓN PARA EL
GUERRERO DE ORACIÓN

SEÑOR, ayúdame a entender cuáles son mis armas espirituales y a llegar a ser competente en su uso. Enséñame para que no olvide ni por un momento lo poderosas que son. Aumenta mi fe para creer en ti y en tu Palabra sin dudar. Sé que al igual que el cielo es más alto que la tierra, así son tus caminos más altos que mis caminos, y tus pensamientos más altos que mis pensamientos (Isaías 55:9). Ayúdame a pensar y a actuar más como tú, cada vez que lea tu Palabra y pase tiempo en tu presencia. Permíteme conocer tu Palabra tan bien que tenga pasajes bíblicos en mi mente y corazón que lleguen a ser armas automáticas en contra del enemigo de mi alma.

Te agradezco por tu gracia hacia mí, que me recompensa y me ayuda más de lo que merezco. Cuando enfrento un monte de oposición por parte del enemigo, haz que me acuerde de pronunciar gracia a esa situación. Sé que tu gracia domina sobre cualquier plan del enemigo, sin importar cuánto parezca que tiene éxito. Ayúdame a no sentirme intimidado por la fuerza del enemigo, ya que la fuerza de tu gracia excede mucho más a cualquier esfuerzo suyo.

Revélame cuando necesite ayunar junto con la oración, a fin de lograr todo lo que tú quieres ver que se haga. Permíteme hacerlo. Ayúdame a entender por completo todo lo que dices en tu Palabra acerca de lo que se logrará durante un ayuno. Sé que en obediencia a ti, un ayuno quitará cargas pesadas, liberará a los oprimidos y romperá cualquier yugo (Isaías 58:6).

Te adoro, Señor, por encima de todas las cosas. Ayúdame a adorarte «en espíritu y en verdad», como dice tu Palabra que hay que hacerlo (Juan 4:24). Te busco y te anhelo, así como «el ciervo brama por las corrientes de las aguas» (Salmo 42:1). Ayúdame a hacer que la alabanza y la oración sean mis *primeras* reacciones a las cosas que suceden y a las distintas situaciones que se me presentan.

Señor, tú dijiste: «Pidan, y se les dará. Busquen, y encontrarán. Llamen, y se les abrirá. Porque todo aquel que pide, recibe; y el que busca, encuentra; y al que llama, se le abre» (Lucas 11:9-10, RVC). Ayúdame a pedir de acuerdo a tu dirección, a buscar entender tu voluntad y a llamar en las puertas que tú quieres que se abran. Permíteme seguir pidiendo, seguir buscando y seguir llamando a las puertas y a no rendirme. Recuérdame cómo estas acciones son armas en contra de los planes del enemigo para que solo se hagan *tus* planes para mi vida y la vida de la gente por la que oro. Te agradezco por anticipado por tus respuestas a mis oraciones.

Gracias porque tú eres «poderoso para hacer todas las cosas mucho más abundantemente de lo que pedimos o entendemos, según el poder que actúa en nosotros» (Efesios 3:20). Gracias porque ninguna arma que se forme en mi contra o en contra de la gente por la que oro prosperará jamás.

Te lo pido en el nombre de Jesús.

No saldrá victoriosa ninguna arma que se forje contra ti. Y tú condenarás a toda lengua que en el juicio se levante contra ti. Ésta es la herencia de los siervos del Señor. Su salvación viene de mí. Yo, el Señor, lo he dicho.

ISAÍAS 54:17, RVC

8

INVOLÚCRATE EN LA GUERRA
CON LA CERTEZA DE QUE
EL TIEMPO ES CORTO

Una cosa es ponernos nuestra *armadura espiritual* y tomar nuestras *armas espirituales*, y otra es tomar de verdad la decisión de *involucrarnos en la guerra* e *ir a la batalla en oración*. No es suficiente *pensar* en la oración, *hablar* de la oración, ni *leer* de la oración. Tienes que *orar*. Los soldados pueden *prepararse* para la batalla, *aprender* de la batalla, *entrenarse* para la batalla y tener el mejor equipo del mundo, pero si nunca van a la batalla en contra del enemigo, el enemigo gana.

Cada uno de nosotros debe obtener la visión en cuanto a ser un guerrero de oración. Somos un grupo grande y poderoso, pero no tan grande y poderoso como Dios quiere que seamos. Dios nos llama a *todos* a orar. Jesús nos enseñó acerca de la *oración*. Él nos dijo *qué* hacer cuando oramos, y *cómo* orar. Podemos memorizar todo lo que dice la Biblia acerca de la oración, pero si no oramos, la voluntad de Dios no se hace, y el enemigo avanza en lugar de que lo haga el reino de Dios.

No tienes que *alistarte* en el ejército porque ya te alistaste cuando recibiste al Señor, pero sí tienes que *involucrarte*. Las batallas no llegan a ser menos frecuentes ni menos intensas con el tiempo; aumentan en todo sentido. No podemos pasar por alto ese hecho y esperar a quedarnos parados.

Debemos involucrarnos en la guerra *ahora*, porque el enemigo sabe que tiene poco tiempo antes del regreso del Señor y está utilizando todos sus recursos. La guerra en contra de los creyentes se ha disparado. Podemos ver los incesantes ataques a la salud, las emociones, las relaciones, el trabajo, las reputaciones, las finanzas y la seguridad de cada creyente. Son epidémicos y no podemos obviarlos.

«Involucrarse» significa *comprometerse, prometer, dar juramento. Comprometer la palabra* para asumir una obligación. *Entrar en conflicto.* También significa llevar tropas al conflicto. «Involucrarse» significa decidir participar uno mismo o comprometerse a algo. Significa que te comprometiste a involucrarte en un conflicto. Significa que reconoces que una guerra está en marcha y que entiendes que Dios te llama para que ores.

En cuanto a ser un guerrero de oración, «involucrarse» significa garantizarle a Dios que decidiste oponerte a los planes del enemigo mediante la oración, a fin de que se haga la voluntad de Dios en la tierra.

En mis libros anteriores, no hablé acerca de ser un guerrero de oración porque veía cuánta gente batalla con oraciones simples por sí misma y sus seres amados. Necesitaban una manera confiable y constante de llevar sus necesidades ante Dios y no esperar hasta que llegaran a ser oraciones desesperadas. Sin embargo, cada vez más, a medida que la gente me busca donde estoy y me dice que también son guerreros de oración, sé de primera mano que un ejército de ustedes está allí y que es más grande de lo que la mayoría de nosotros nos damos cuenta.

Vemos que el mundo se pone cada vez más oscuro, a medida que se exalta el mal y se extiende como un incendio sin control. Por eso es que nuestro ejército de guerreros de oración debe aumentar en número y fortaleza. Te pido, por favor, que te unas a nuestras filas, si es que todavía no lo has hecho. Si ya pusiste tu fe en Jesús, tienes amor por Dios y sus caminos, y estás agradecido por la dirección de su Espíritu Santo en tu vida, puedes hacerlo. Espero haberte convencido ya, pero si no, de seguro que lo hará el resto de este libro.

Te pido que reconozcas quién eres en el Señor, lo que Él ha hecho por ti y lo que te ha llamado a hacer. No eres débil. Eres hijo del Rey, y Él es fuerte en ti por el poder de su Espíritu. Tienes un supremo llamamiento en tu vida que no tiene nada que ver con tu sexo, edad, logros, nivel de educación, raza, cultura, color, partido político ni tipo de sangre. Todos somos hijos de Dios bajo una sangre, la sangre de Cristo. Él te ha llamado a ponerte toda la armadura de Dios y a involucrarte en la guerra. Nunca estás solo en la batalla, y ese es un gran consuelo. Hay «espíritus ministradores, enviados para servicio a favor de los que serán herederos de la salvación» (Hebreos 1:14). Esos somos tú y yo. Tenemos una herencia en el Señor. Hay ángeles que nos ayudan. El Espíritu Santo está *en* nosotros y nos *capacita*.

Un sinnúmero de personas antes que nosotros se sintieron como nosotros ante la oposición del enemigo, pero combatieron al enemigo con valor porque sabían que también era el enemigo de *Dios* y que Él es el vencedor final. Quizá no recibamos reconocimiento como grandes guerreros de oración en la tierra, pero Dios conoce nuestro esfuerzo en la oración. En el libro de Apocalipsis dice que *en el cielo hay «copas de oro llenas de incienso, que son las oraciones de los santos»* (Apocalipsis 5:8). ¿Puede ser que cuando oramos nuestras oraciones no se evaporen sin dejar huella? ¿Que duren? Eso significa que cuando oramos, nuestras oraciones no solo tienen una vida útil de unos cuantos segundos. Siguen viviendo. Existen ante Dios y duran para cumplir su voluntad. ¿Qué tan grandioso es esto? Lo que hacemos como guerreros de oración perdura incluso más allá de nuestra vida.

Creo que la oración que haces hoy no cae en la tierra sin siquiera pasar del techo. Creo que tu oración por salvación de alguien hoy puede tener efecto incluso después que te hayas ido con el Señor. Nunca sabes cómo tu oración puede responderse para esa persona en su lecho de muerte. No lo sabes. Solo Dios lo sabe.

Sin embargo, no siempre podemos estar apagando fuegos. También tenemos que prevenirlos. Tenemos que ser proactivos y orar anticipando las tácticas del enemigo. Debemos hacer oraciones de protección del enemigo por nosotros, nuestra familia y toda la gente que Dios pone en nuestro corazón. Aun así, primero tenemos que involucrarnos a propósito en la guerra.

Involúcrate porque no sabes todo lo que pueden lograr tus oraciones

Los guerreros de oración no recibimos mucho mérito por nuestra labor de la gente que no es guerrera de oración, pero tenemos la gran recompensa de ver a Dios moverse como respuesta a nuestra oración.

En la iglesia a la que asistía en Los Ángeles, un grupo de guerreros de oración orábamos los miércoles por la noche. Teníamos una profunda carga por la gente de Berlín oriental en ese entonces, que vivía en terrible pobreza de cuerpo, alma y espíritu, detrás del muro de Berlín, que erigieron los rusos para que la gente no cruzara hacia la libertad. Creíamos que el Espíritu Santo nos guiaba a orar para que ese muro se derribara. Sabíamos que quizá no fuéramos los únicos que oraban, pero como teníamos esa carga por esa situación, orábamos como si lo fuéramos. Orábamos con una misión, pues sabíamos que estábamos en una misión de Dios. Ninguno de nosotros podía imaginar siquiera cómo era posible que se derribara, pero orábamos de todas formas. Sucedió años más tarde. No creo por un momento que el muro de Berlín cayó en ese día. Creo con todo mi corazón que el muro se derribó primero en el reino espiritual en los años que le precedieron. Esa batalla se ganó en oración. Las fuerzas del mal que erigieron el muro para empezar, que obligaron a la gente a estar aislada, en pobreza, crueldad y separación de seres queridos, quitándoles su libertad, comida, trabajo y la necesidad de una calidad de vida, se derrotaron primero en oración.

Años después, alguien que sabía que yo fui parte de esto, y que en efecto estuve allí cuando derribaron el muro, me trajo un pedazo del muro de Berlín. Lo tengo en un estante. Y es un re constante para mí de que no sabemos el poder de nuest nes. Aunque no tengamos suficiente fe para creer sincera lo que estamos orando, Dios es fiel para mantener su promesa de escuchar nuestras oraciones y de responderlas. Yo no tenía fe suficiente para creer que el muro se derribaría, pero tenía fe en que el Dios de lo imposible podía hacer cualquier cosa que quisiera hacer, si pudiera encontrar suficiente gente que fuera a la batalla por Él, en contra del enemigo en oración.

Podrías pensar que no hay un beneficio inmediato para ti si estás orando por otras personas o situaciones en otros lugares, pero eso no es cierto. Siempre y cuando estés orando, estás recibiendo bendiciones de Dios que no estarían allí si no oraras. En primer lugar, te acercas a Dios, y eso siempre es algo bueno. Estar con el Señor es una recompensa en sí. Sé que no oras solo para obtener algo, ni que vacilas en orar porque crees que no hay nada para ti allí, pero algunas personas sí lo creen. Nosotros creemos que nos sacrificamos por el Señor al orar, pero somos los mayores benefactores de todos. Podemos estar en un grupo y orar por otra gente y no por nosotros, y nos iremos completamente bendecidos por Dios. Nuestras oraciones no solo logran mucho para otros, sino para nosotros también, más de lo que nos demos cuenta siquiera.

Involúcrate porque sirves a Dios

Dios no quiere que nuestro compromiso con Él sea intimidante ni abrumador. Él quiere que escuchemos su llamado y que lo respondamos. Se trata de servirlo. No se trata de que hagamos la oración perfecta. Nuestro Dios perfecto es el que responde las oraciones que le ofrecemos. No es lo que decimos lo que cambia las cosas; es el poder de Dios que atiende nuestras palabras. «El reino de Dios *no consiste en palabras, sino en poder*» (1 Corintios 4:20). Aunque somos débiles, podemos ser instrumentos del poder de Dios. Es más, *debido a que* somos débiles, Dios puede usarnos de manera poderosa como instrumentos de su poder. «Tenemos este tesoro en vasos de barro, para que *la excelencia del poder sea de Dios, y no de nosotros*» (2 Corintios 4:7).

Servimos a Dios al seguir orando. Él no quiere que oremos una vez y, luego, si no nos gusta la respuesta a nuestra oración, nos rindamos y digamos: «Mis oraciones no dan resultado». Él quiere que permanezcamos firmes y que *sigamos orando*. Él quiere que nos mantengamos «firmes e inconmovibles, *progresando siempre en la obra del Señor*, conscientes de que su trabajo en el Señor no es en vano» (1 Corintios 15:58, NVI®). Por eso es que no podemos juzgar cómo Dios nos pide que oremos, ni cómo nos sentimos guiados por su Espíritu Santo a orar, ni cómo Él responde nuestra oración, ni si vemos los resultados de inmediato, ni cómo nos sentimos después que oramos. Solo tenemos que orar sin juzgar.

Dios no quiere que dejemos de orar cuando pasamos por tiempos difíciles como si de repente no estuviéramos calificados. Recuerda que es por *su* Espíritu. Por *su* fortaleza y no por la nuestra. *Su* armadura es la que nos protege, no la nuestra. «Estamos atribulados en todo, mas no angustiados; en apuros, mas no desesperados; perseguidos, mas no desamparados; derribados, pero no destruidos; llevando en el cuerpo siempre por todas partes la muerte de Jesús, para que también la vida de Jesús se manifieste en nuestros cuerpos» (2 Corintios 4:8-10). Cuando oramos, el poder de Dios puede verse en nosotros, incluso en nuestros tiempos más difíciles. Dios quiere que podamos decir como Pablo: «Si vivimos, para el Señor vivimos; y si morimos, para el Señor morimos. Así pues, sea que vivamos, o que muramos, del Señor somos» (Romanos 14:8). No importa lo que suceda, servimos a Dios porque somos suyos.

Cuando oras como guerrero de oración, sirves a Dios de manera directa e íntima. Cuando oras por otros, cumples la voluntad de Dios para ellos. Cuando avanzas el reino de Dios en oración, repeles las fuerzas de las tinieblas. Haces que se rompan cadenas, permites que los cautivos del enemigo sean libres y llevas restauración donde no ha habido. Haces que la sanidad y la plenitud echen raíces donde ha habido enfermedad, quebrantamiento y sufrimiento.

Llevas consuelo donde ha habido desesperación. Infundes esperanza donde ha habido desesperanza. Revelas a Jesús a los que han estado paralizados debido a toda la ostentación de los dioses y los ídolos. Llevas el amor de Dios donde la gente ni siquiera sabe que existe. *No creas que ser guerrero de oración es algo menos que servir a Dios porque tú lo amas.*

Cuando ores por tus propias necesidades y las cosas que te pesan más en el corazón, pídele a Dios que te muestre por qué otra cosa quiere Él que ores en ese momento. Dios te lo mostrará al ponerte una persona, un grupo étnico o una situación en la mente. El Espíritu Santo en ti te ayudará a orar, y sentirás una pasión por eso, incluso a punto de llorar si eso involucra el sufrimiento de otras personas. Podrías percibir la tristeza que el Señor tiene por la situación, o quizá podrías sentir el dolor de esa persona. Sabrás cuando Dios te *llama* a orar por algo o por alguien de una manera profunda debido a esa pasión que sientes cuando oras.

Justo esta mañana, mientras estaba sentada para escribir esto, la foto de un hombre que hirieron de gravedad en un accidente y la tristeza de su madre llegaron a mi mente, y sabía que Dios me llamaba a orar por ellos. He estado orando por ellos por muchos años, así como por innumerables personas, y hemos visto milagros, pues la vida de ese joven no solo se salvó, sino que se recupera paso a paso. Su recuperación hasta aquí es un resultado de las oraciones de muchos guerreros de oración que escucharon el llamado de Dios a orar por un milagro tras otro, y que no dejarán de responder a ese llamado.

Todavía hay un largo trecho por recorrer en la recuperación de este hombre, por lo que oré por sus necesidades específicas que ya sabía. Oré por la fortaleza y el consuelo de su madre que todos estos años ha estado a su lado. Oré por los demás miembros de su familia que también han sufrido terriblemente. Y cuando estaba orando, Dios me reveló detalles en los que no había pensado, y oré por ellos. Él me permitió sentir un poco de la tristeza que su madre ha llevado encima y lloré, y pedí que mis oraciones ayudaran a quitar esa tristeza de su corazón. Oré por todos los milagros que todavía necesitan ver que ocurran. Y oré para que sintieran la seguridad de esos milagros que están por delante y que sus corazones tuvieran una esperanza renovada.

Dios te llama a oír su llamado a orar por alguien ahora mismo. Pregúntale quién es. Cuando Él te traiga a alguien a la mente, pídele al Espíritu Santo que te guíe en cuanto a cómo orar. Después de orar, no cuestiones si Dios te ha oído ni qué es lo que hará en cuanto a eso. Solo recuerda que hay dos verdades principales en cuanto a orar como guerrero de oración:

1.   Dios escucha tus oraciones.
2.   Dios responde a su manera y a su tiempo.

Nunca sabrás todo el bien que has hecho con tus oraciones ni lo que se ha logrado a través de ellas, pero Dios lo sabe. Si, por ejemplo, oras como yo lo he hecho por alguna niñita esclavizada en el tráfico sexual, no tienes idea de cómo tu oración podría influir en su situación. Ella podría ser capaz de escapar o ser rescatada debido a tus oraciones. Si estás preocupado porque más gente tiene que orar contigo por algo, pídele a Dios que despierte los corazones de otros guerreros de oración para que también oigan el llamado a orar por esa situación. Es su voluntad hacer eso. Sin embargo, aunque nadie más esté orando por ese asunto específico en ese momento, el Espíritu Santo está contigo, *en* ti, y *te* ayuda a orar.

Dios ve en tu corazón que estás dispuesto a orar. Él no juzga tus oraciones. Está complacido porque tienes el corazón de un guerrero de oración. La Biblia dice en cuanto a dar que «primero hay la voluntad dispuesta» (2 Corintios 8:12). Tú *tienes* una voluntad dispuesta o no habrías llegado a este punto del libro. Tienes el deseo de dar de ti a Dios al orar por otros. La Biblia dice: «El que siembra escasamente, también segará escasamente; y *el que siembra generosamente, generosamente también segará.* Cada uno dé como propuso en su corazón: no con tristeza, ni por necesidad, porque Dios ama al dador alegre» (2 Corintios 9:6-7). Cosecharás grandes bendiciones porque amas a Dios y deseas servirlo con un corazón alegre.

Involúcrate porque sabes que el tiempo es corto

El mal está en aumento y es cada vez más intenso. Los riesgos son muy elevados. No podemos decir: «Bueno, si va a suceder, que suceda». Las cosas pueden empeorar más de lo necesario para muchas personas, en especial para los creyentes en el Señor. Tenemos que orar por su protección. Debemos orar por las personas que no han endurecido su corazón contra el Señor, a fin de que le acepten como su Salvador.

El tiempo es corto y tenemos que ponernos la armadura de la luz. «La noche está muy avanzada y ya se acerca el día. Por eso, dejemos a un lado las obras de la oscuridad y *pongámonos la armadura de la luz*» (Romanos 13:12, NVI®). «La armadura de la luz» es la armadura de Dios. Es su cobertura sobre nosotros y su luz en nosotros. Debemos optar por ponernos todo lo que es Jesús y lo que ha hecho por nosotros, de modo que nos salvemos, cubramos y protejamos a nosotros mismos y a otros del mal. «Vestíos del Señor Jesucristo, y no penséis en proveer para las lujurias de la carne» (Romanos 13:14, LBLA).

Si no entendemos esta guerra espiritual, nuestra batalla siempre es en contra de personas y grupos. Terminamos batallando con seres humanos y no con las fuerzas malignas que los controlan. Nos desviamos a una batalla de la carne con personas en lugar de batallar con nuestras armas espirituales en contra de las obras invisibles de las tinieblas. Se nos llama a orar para repeler las tinieblas y avanzar la voluntad de Dios en la tierra.

Tenemos un enemigo espiritual, no un enemigo de carne y sangre. Batallamos en contra de fuerzas y poderes espirituales que gobiernan las tinieblas de este mundo, y también en contra de espíritus malvados en lugares espirituales sobre nuestras ciudades y pueblos. Es importante que siempre tengamos en mente quién es nuestro enemigo. De otra manera, batallamos con la gente en otro partido político. La gente de otra raza o nivel social. O con el jefe en el trabajo. O con el vecino desagradable de al lado. O con el compañero de trabajo infernal con quien tienes que tratar todos los días. Si comenzamos a batallar con ellos, no solo nos agotaremos, sino que no lograremos nada. Si batallamos con la gente y no con las fuerzas de las tinieblas, solo nos derrotamos a nosotros mismos.

Involúcrate porque estás comprometido

Cuando un hombre invita a una mujer para salir a cenar pero esta ya está comprometida para casarse con *otro hombre*, solo responde a la invitación diciendo: «Estoy comprometida». Eso es todo lo que necesita decir, pues eso lo dice todo. Está comprometida con alguien y no está interesada en nadie más.

Cuando estás comprometido con el Señor, prometiste amarlo y servirlo solo a Él. Cuando otras cosas claman por tu tiempo y atención, hay un momento en el que tienes que responder: «Estoy comprometido. Comprometido con mi Señor. Y quiero pasar el resto de mi tiempo con *Él*».

Estar comprometido por completo con el Señor cambia tu vida de la mejor manera posible. Y hace que sea más fácil involucrarte en la guerra que se levanta en su contra. Por eso es que los guerreros de oración se involucran de lleno en la guerra espiritual y oran con una razón de ser, pues antes que todo están comprometidos con el Señor a amarlo y adorarlo solo a Él. Su cercanía con el Señor les da una percepción elevada de lo que siente Él en todos los asuntos y los hace sensibles a su voluntad. Están muy agradecidos por todo lo que ha hecho que no vacilan en batallar por Él.

Ten la seguridad de que no estamos en peligro por involucrarnos en la guerra; estamos en peligro por no involucrarnos en la guerra.

La manera de involucrarse con el Señor es encontrarse con Él cada mañana y decirle que lo amas, que lo adoras y que deseas servirlo de la forma en que quiera Él. La manera en que te involucras en la guerra es presentándote al Señor como su guerrero de oración devoto que escucha cada indicación suya y «*orando en todo tiempo con toda oración* y súplica en el Espíritu, y velando en ello con toda perseverancia y súplica por todos los santos» (Efesios 6:18). Jesús dijo que puedes orar solo: solos tú y Él en devoción privada. O puedes orar con otra persona: *un compañero de oración*. Jesús dijo: «Si dos de vosotros se pusieren de acuerdo en la tierra acerca de cualquiera cosa que pidieren, les será hecho por mi Padre que está en los cielos» (Mateo 18:19). O puedes orar con dos o más personas: *un grupo de oración*. Jesús dijo: «Donde están dos o tres congregados en mi nombre, allí estoy yo en medio de ellos» (Mateo 18:20). No se necesita de ningún otro motivo para orar con otras personas. La unidad de los creyentes que oran juntos tiene poder por la presencia de Jesús y la convicción de la oración respondida.

Cuando oras con otra persona, el Espíritu Santo que está en ti se encuentra conectado con el Espíritu Santo en ellos y tus oraciones son poderosas por eso.

No obstante, si oras con otros, asegúrate de no descuidar tu tiempo a solas con el Señor. Si te comprometiste primero con el Señor, tendrás una conexión profunda con Él como ninguna otra. Y cuando las distracciones traten de alejarte de tu tiempo con Él, lo extrañarás tanto como para estar lejos por mucho tiempo.

En cuanto a mí, estoy comprometida. ¿Estás comprometido tú? Comprometámonos con Dios a fin de que podamos involucrarnos en la batalla contra todos nosotros. El enemigo sabe que su tiempo es corto, y está dando todo lo que tiene. ¿No deberíamos nosotros darlo todo también?

Oración para el
guerrero de oración

SEÑOR, ayúdame a involucrarme contigo en oración todos los días, de una manera poderosa y eficaz. Quiero ver que se haga tu voluntad en la tierra, por lo que decido participar en esta guerra en contra de nuestro enemigo. Me comprometo a escuchar tu llamado a orar por personas y situaciones, a medida que tú me guías.

Gracias porque me diste la armadura protectora, las armas poderosas, y la promesa de que siempre estás conmigo. Ayúdame a dejar «a un lado las obras de la oscuridad» y a ponerme «la armadura de la luz» (Romanos 13:12, NVI®). Sé que el tiempo se acorta, porque el enemigo sabe que le queda poco tiempo para lograr sus planes malignos. Sé que a medida que se acerca el tiempo para tu regreso, el enemigo quiere ganar tantos corazones y mentes como le sean posibles. Ayúdame a tener eso siempre presente, de modo que sin importar lo que me suceda a mí, lo que le suceda a los que me rodean o lo que le suceda al mundo, yo ore para que se haga tu voluntad.

Estoy agradecido por ser parte de tu gran ejército de guerreros de oración que han escuchado tu llamado a orar y que escuchan tus instrucciones todos los días. Estoy emocionado por ver todo lo que harás a través de nuestras oraciones. Ayúdame a no juzgar mis oraciones ni tus respuestas. Me comprometo a solo orar y a dejar la respuesta en tus manos para que la respondas a tu manera, en tu tiempo y de acuerdo a tu voluntad. Quiero servirte a ti y a *tus* planes porque te amo y estoy agradecido contigo por todo lo que has hecho por mí y harás en el futuro.

Ayúdame a permanecer firme en la sencillez que es en Cristo. Enséñame a identificar el verdadero poder espiritual y no una espiritualidad fingida. Ayúdame a no sucumbir a las peleas espirituales o teológicas con la gente, porque tu Palabra dice que eso nunca es productivo. Permíteme escuchar siempre tu llamado a orar. Haz que sienta lo que sientes tú por la gente y por las batallas en las que están. Ayúdame a orar justo en el blanco cada vez. Me involucro en la guerra espiritual porque estoy involucrado por completo contigo y quiero servirte bien.

Te lo pido en el nombre de Jesús.

¡Alégrense por eso, ustedes los cielos! ¡Alégrense ustedes, que los habitan! ¡Pero ay de ustedes, los que habitan la tierra y el mar! El diablo ha llegado a ustedes lleno de ira, porque sabe que le queda poco tiempo.

Apocalipsis 12:12, rvc

9

IDENTIFICA EL CAMPO DE BATALLA MÁS CERCANO

Dios nos ha dado su reino aquí en la tierra, pero si no nos desplazamos hacia el camino que nos indica que lo hagamos, podemos acercarnos demasiado a los linderos y caer en territorio enemigo. Dios no quiere eso para nosotros, y tampoco lo queremos nosotros. Jesús dijo: «No temáis, manada pequeña, porque a vuestro Padre le ha placido daros el reino» (Lucas 12:32). Dios quiere que disfrutemos los beneficios completos de su reino no solo en la eternidad, sino también en la tierra. La parte de la eternidad es algo seguro. Aquí en la tierra tenemos que hacer *nuestra* parte para procurar el avance del reino de Dios, tanto *en nosotros* como *en el mundo que nos rodea*. Como guerreros de oración, hacemos eso en oración.

El lugar más peligroso que puede haber en esta guerra es al margen del reino de Dios. Estar *apenas dentro* es estar demasiado cerca del territorio del enemigo. Estar *apenas dentro* no significa ser apenas salvo. Si ya recibiste a Jesús, eres salvo. En cambio, si nunca te desplazas en su Palabra y en obediencia a sus caminos, no disfrutarás todos los beneficios que ofrece la vida del reino. Dios tiene más para ti que eso. La periferia del reino de Dios es donde te atacarán más, en el mejor de los casos. Experimentarás un ataque tras otro y culparás a Dios por eso, en lugar de identificar al enemigo en el campo de batalla.

Dios nos ha dado, a sus hijos, la responsabilidad del avance de su reino en la tierra. Somos socios del negocio familiar. Jesús dijo: «Desde los días de Juan el Bautista hasta ahora, el reino de los cielos sufre violencia, y los violentos lo arrebatan» (Mateo 11:12). Dios nos *da* el reino, pero nosotros debemos *arrebatarlo*. Si le das un regalo a alguien y no lo *acepta*, no lo posee. Tenemos que tomar el reino de Dios para poseer su plenitud. Tenemos que llevarlo a nuestra vida, y lo llevamos a lugares donde no está. Eso significa que debemos llegar a ser peligrosos en oración; es decir, peligrosos para el enemigo. Tenemos que atravesar cada barrera que el enemigo erija para evitar que lleguemos a ser todo lo que Dios quiere que seamos y hacer todo lo que Él nos llama a hacer para avanzar su reino en la tierra.

A fin de hacer eso, no solo es importante saber con exactitud quién es nuestro enemigo, sino poder ser capaces de identificar con claridad el campo de batalla. Es decir, dónde está de verdad en ese momento. Desde luego, el campo de batalla siempre está donde te encuentres orando. Por eso es que la oración es la batalla, y *tú* eliges el tiempo y el lugar. Sin embargo, hay campos de batalla específicos más allá de allí, que es donde ataca el enemigo. Es donde cree que puede insertar una cuña en tu vida o en la vida de otros.

Un buen soldado siempre conoce el croquis del campo de batalla, tanto como le sea posible, y nosotros también debemos conocerlo. El campo de batalla es donde te lleva el enemigo a la batalla. Algunos de los campos de batalla en los que al enemigo le gusta atacarte son en tus relaciones, trabajo, finanzas, familia y salud. Con el propósito de ilustrar el poder de Dios que se desplaza como respuesta a las oraciones de un guerrero de oración, quiero darte tres ejemplos de los campos de batalla del enemigo. Son el campo de batalla de tu mente, el campo de batalla de la vida de tus hijos y el campo de batalla de tu matrimonio. Todos estos son populares para el enemigo como sus lugares preferidos para atacar en nuestra vida y crear estragos. No tienen que haberte atacado en estos aspectos a fin de aprender de los ejemplos, pues te ayudarán a ver cómo las oraciones de los guerreros de oración pueden derrotar al enemigo en *cualquier* campo de batalla.

El campo de batalla en la lucha por tu claridad de mente

Hay una zona principal de guerra que no está en el gobierno, ni en los vecindarios infestados de crimen, ni en la mente de un pirata informático, ni en el reino de un traficante de personas, vendedor de drogas, abusador sexual de niños o de un violador. Está en el reino invisible que es tan real como el físico. Es el campo de batalla de nuestra mente.

Una vez más, debo repetir esto aquí, pues es demasiado importante para no hacerlo. Si recibiste a Jesús como tu Salvador, tienes al Espíritu Santo de Dios en ti, el sello de que eres propiedad de Dios y que le perteneces a Él. El enemigo no puede tener el control de tu mente, pero aún puede mentirte y emprender la batalla allí. Y entonces llega a ser tu propio campo de batalla.

En nuestra mente expresamos nuestra voluntad y tomamos decisiones que afectan nuestra vida y la vida de los demás. Es uno de los lugares favoritos del enemigo porque puede usar sus mentiras para una ventaja aun mayor.

El enemigo usa nuestros propios sentimientos de culpa, condenación, temor, ansiedad, falta de valor, desesperanza, odio personal y otras emociones en nuestra contra. Estos pensamientos y sentimientos están en nosotros por lo que nos sucedió en el pasado, incluso de manera tan reciente como ayer. En algún momento creímos las mentiras del enemigo. Y debido a que no éramos conscientes de lo que la Palabra de Dios dice con claridad en cuanto a nosotros, o no lo creemos por completo, no discernimos lo que está haciendo el enemigo. Cuando sabemos la verdad, podemos ponernos toda la armadura de Dios y usar su Palabra no solo como nuestro escudo de fe para combatir esas mentiras, sino como nuestra principal arma en contra de su proveedor.

Yo tenía una batalla en mi mente desde la época en que era una niña. Me crio una madre enferma mental. Era abusiva tanto de manera mental como física, pero creo que lo que más me hizo daño fue que me encerró en el armario durante mucho tiempo de mi niñez. Me decía a menudo que yo no valía nada, que nunca llegaría a nada. Decía que yo no merecía tener nada, en especial la felicidad o el éxito en la vida. Como resultado de todo eso, crecí con cada emoción negativa que cualquiera pueda tener. Escuchaba sin cesar esas mentiras en mi mente. Desesperada, busqué una manera de salir de mi desdicha y no podía encontrarla, excepto en el suicidio. Cuando tenía casi treinta años, una vez intenté quitarme la vida, y mientras acumulaba suficientes píldoras para dormir, una amiga con la que trabajaba vio que yo no estaba bien y me llevó con su pastor, quien me guio hacia el Señor.

Cuando recibí a Jesús, la luz más maravillosa que da vida entró a la oscuridad en la que había vivido toda mi vida. Mientras más conocía la verdad acerca de Él y lo que hizo por mí, más reconocía la batalla en mi mente y cómo necesitaba liberarme de la misma. La gente oró para que me liberara de esos patrones de pensamientos negativos, y desaparecieron uno por uno y recibí una total liberación.

Hoy sé que nunca más los pensamientos negativos y autodestructivos deben atormentarme. Soy libre debido a los guerreros de oración que oran por mí y debido a que entiendo la Palabra de Dios en cuanto a estas cosas. Nadie que haya recibido al Señor y tenga al Espíritu Santo morando en su vida tiene que soportar esta batalla en su mente.

Cuando una batalla se lleva a cabo en nuestra mente, entre *nuestra* voluntad y la *de Dios*, entre el *bien* y el *mal*, entre la *verdad* y las *mentiras*, la Palabra de Dios aclarará nuestros pensamientos. El enemigo siempre tratará de hacerte cuestionar la Palabra de Dios, así como lo hizo con Eva. Ella no permaneció firme en lo que sabía que dijo Dios. El enemigo intentó tentar a Jesús en el desierto, pero Él permaneció firme, combatiendo al enemigo con la Palabra de Dios.

Debes reconocer cuándo el enemigo usa tu mente como un campo de batalla. Si crees que el campo de batalla es con tu compañero de trabajo malo, o con un miembro de la familia abusador, o con una persona en la escuela que te insultó, no verás cómo el enemigo trata de revolver el dolor, la agitación y la discordia en tu mente y tus emociones. Debes quitarle al enemigo el campo de batalla y meterlo en el armario de tu oración.

Si vives con depresión, ira, incapacidad de perdonar, soledad severa, duda, temor, ansiedad, desesperanza, sentimientos de inutilidad, sientes que nadie te ama, o como si estuvieras en contra de todos los demás, ten presente que estos pensamientos negativos son su táctica favorita en tu contra. Él lleva esta guerra a tu lugar más vulnerable. Es probable que pueda llevarnos allí con más facilidad que a cualquier otro lugar, porque somos rápidos para pensar que esta desdicha es como somos. O que *merecemos* sentirnos de esa manera.

Cuando el campo de batalla está en tu mente, experimentarás tormento, confusión o pensamientos negativos; temores irracionales o duda extrema; ira; u otras emociones destructoras. Sin embargo, la Biblia dice que debemos pensar de manera deliberada lo contrario. Pablo dijo: «Todo lo que es *verdadero*, todo lo *digno*, todo lo *justo*, todo lo *puro*, todo lo *amable*, todo lo *honorable*, si hay alguna *virtud* o algo que *merece elogio*, en esto meditad» (Filipenses 4:8, LBLA). Hacer hincapié en estas cosas que son verdaderas te ayudará a identificar los pensamientos que no lo son.

No podemos darnos el lujo de pasar por alto ese frente de batalla. Es más, debes asegurar ese frente primero antes de continuar hacia los otros para que no te debilites. No tienes que pelear la batalla en dos frentes. No es que no puedas hacerlo. *Puedes* combatir una batalla personal y hacer la guerra por otros al mismo tiempo. Sin embargo, al lidiar primero con lo personal te hace más fuerte en todas las esferas.

El campo de batalla en la lucha por la vida de tus hijos

El enemigo siempre quiere a tus hijos, y tratará de destruirlos o ganárselos de cualquier manera que pueda. Por eso es que debes pedirle a Dios cada día que te revele si el enemigo está atacando a alguno de tus hijos. Si, por ejemplo, tu hijo está con la gente equivocada, o si ha desarrollado malos hábitos, o parece que le atraen las cosas malas, puedes estar seguro de que el enemigo le está poniendo una trampa a ese hijo. Reconoce que el campo de batalla no está con tu hijo; está con el enemigo. Debes permanecer firme en oración en ese campo de batalla donde han atacado a tu hijo y recuperar a tu hijo del control del enemigo. Ahora bien, no pierdas la compostura ni te asustes de tener que hablar con el enemigo; sé que algunos de ustedes se asustan. No tienes que hacerlo. En su lugar, debes tomar el control sobre las fuerzas de las tinieblas que tratan de obrar en la vida de ese hijo. Y eso sucede en la oración.

No te acobardes con miedo ante cualquier amenaza del enemigo para tu hijo. Permanece en la Palabra de Dios y reclama a tu hijo para el reino de Dios. No importa cuántas veces lo hayas hecho antes, vuelve a hacerlo. Declara la Palabra de Dios. Recuerda el día en que dedicaste a ese hijo al Señor. Si no lo has hecho, hazlo ahora. Si el enemigo tiene entrada a tu vida debido al pecado, confiésalo y ponte a cuentas con Dios. No le des poder al enemigo por tu pecado sin confesar. Sí, tus pecados pueden afectar a tu hijo. Los pecados de los padres castigan a los hijos hasta la tercera y cuarta generaciones, a menos que tú, tu hijo o alguien fuerte en la fe y en la Palabra de Dios rompan esa línea. Hemos visto demasiados ejemplos en los que las decisiones pecaminosas de un padre han dejado a un hijo descubierto y tropieza con problemas.

Si tu hijo es joven, no sabe cómo batallar por su cuenta en contra del enemigo. En cambio, *tú sí sabes*. Entonces, hazlo. No te retractes. Tu hijo es del Señor. Reclámalo para el reino de Dios. Aunque tengas que hacerlo todos los días hasta que ese hijo reciba liberación, sigue haciéndolo.

Mi esposo y yo batallamos por la vida de nuestros hijos, en especial cuando eran adolescentes. Yo le pedía a Dios todos los días que revelara cualquier cosa que ocurriera en sus vidas y que yo necesitara saber. Y Dios me mostraba lo que sucedía. Cuando mi esposo y yo teníamos que enfrentarlos por algo, *primero* orábamos juntos para que esta batalla se ganara en el reino espiritual, *antes* de que se ganara en sus vidas. El enemigo quedaba al descubierto y se rompía su influencia. Mis hijos me dijeron muchas veces que detestaban el hecho de que nunca podían salirse con la suya con nada. Después, cuando fueron adultos, nos lo agradecieron. A veces, los problemas ocurrían por decisiones que tomaban, como escuchar música impía. La llevaban a la casa y nosotros la desechábamos. Ponían carteles que glorificaban grupos musicales impíos y nosotros los quitábamos. Al final, se dieron cuenta de que no valía la pena, por lo que dejaron de hacerlo. Reconocimos que este campo de batalla estaba donde el enemigo trataba de ganarse las almas y las lealtades de nuestro hijo y nuestra hija. Casi todos los padres enfrentan esa batalla en esta época y cultura. Batallábamos con el enemigo en guerra espiritual y nos negábamos a librarla con nuestros hijos. Solo les informábamos que no iban a traer cosas detestables a nuestra casa y las consecuencias que habría si lo hacían. No digo que la batalla en oración no fuera feroz y larga. ¡Lo fue! Sin embargo, no nos rendimos. Y esas fortalezas se destruyeron por fin.

Hubo otras batallas cuando el enemigo trataba de atraparlos o destruirlos. Nunca antes he contado en público un incidente de esos, aparte de dos amigos cercanos que lo sabían. Ocurrió cuando mi hija tenía dieciocho años. Ella tenía un trabajo de nivel inicial que requería que trabajara tres noches a la semana. Yo estaba preocupada por eso, porque significaba que después del trabajo tenía que caminar hacia su automóvil en un estacionamiento que apenas estaba iluminado. Aunque otros salían a la misma hora, sabía que ella confiaba demasiado en la gente, sobre todo en los que *creía* que conocía, pero no los conocía. Yo oraba por ella todo el tiempo, pero por supuesto en esas noches en las que trabajaba. Nunca podía dormir bien ni descansar hasta que estaba de regreso en casa.

Aunque no me gustaba que mi joven hija estuviera sola tarde en la noche, sabía que necesitaba aprender el valor de un dólar, lo mucho que la gente necesitaba trabajar y lo responsable que tenía que ser. No tardó mucho en darse cuenta de eso.

Ella siempre me llamaba después del trabajo, cuando entraba a su auto, para decirme que estaba de camino. Una noche en particular, me llamó y me dijo: «Mamá, voy camino a casa», de la manera en que lo hacía siempre, pero había algo en esa llamada que me inquietó. Oí algo distinto en su voz y supe que el Espíritu Santo me impulsaba a orar. Así que, después de colgar el teléfono, comencé a orar por ella. Sabía que estaba en la guerra y que el campo de batalla era su vida porque sentí el impulso de interceder en su favor más allá de lo que casi siempre lo hacía. Me preocupé en especial cuando no llegó veinte minutos después, como lo hacía de costumbre. Oré una y otra vez para que no prosperara ninguna arma que se hubiera forjado en su contra. Oré por la protección de Dios. No la volví a llamar porque no me gustaba que condujera mientras hablaba por el teléfono celular. Sentía que eso no era seguro.

Cuando por fin llegó a casa, como unos quince minutos más tarde de lo normal, fui a su encuentro para ver si todo estaba bien. Dijo que se alegraba de haber llegado a casa y que había sido una noche agotadora, y entonces se dirigió de inmediato a la cama. Pensé que no era usual que no se quedara en la cocina a comer algo y hablar un poco, pero podía ver que estaba agotada.

Pasó un poco de tiempo antes de que me contara lo que le pasó esa noche en realidad. Dijo que se tardó en contármelo porque sabía que no me gustaría el hecho de que violara algunas de nuestras reglas.

Su trabajo era en un lugar donde daban clases de música y ella era una de las maestras. Un joven iba tres noches a la semana, por lo que lo veía casi todas las noches que trabajaba allí. Los meses anteriores habían hablado un poco cada día. Él no era uno de sus alumnos y sus conversaciones eran breves, pero siempre estaba dispuesto a hablar y parecía muy agradable y amable. Al final de aquella noche, cuando terminaron todas las clases, él la invitó a tomar un café para continuar una conversación que comenzaron antes. Sin discernir la verdadera naturaleza de la gente, aceptó. Yo le había dicho innumerables veces que nunca fuera a ninguna parte con alguien que no conociera bien. Ella pensó que porque lo había visto muchas veces en el lugar donde trabajaba, que lo conocía lo bastante bien como para salir en público por treinta minutos.

Otra cosa que le había dicho de manera específica, y ella se aferró a eso, fue que nunca entrara al auto que condujera otra persona, sobre todo un hombre. Le había dicho: «*Tú* siempre conduces. *Tú* estás en control del auto. Aunque la persona no pretenda hacer algo malo, no sabes qué tan seguro es como conductor». El hombre le sugirió de inmediato que condujera y ella lo tomó como una buena señal. Le dijo que le indicaría su destino porque ella no conocía el área. Solo había conducido a su lugar de trabajo y a ningún otro lado.

Él entró al auto con ella y le dijo dónde cruzar desde el estacionamiento y qué camino tomar en la calle principal. Después de unos cuantos giros más, él le dijo que girara hacia un camino angosto que serpenteaba hacia una pendiente, llena de árboles a cada lado. Ella quiso dar la vuelta de inmediato, pero la vegetación era tan exuberante en ambos lados del camino que no había por dónde dar la vuelta. Además, estaba totalmente oscuro, por lo que retroceder habría sido imposible. Ella quedó atrapada en el auto en un angosto camino lleno de árboles que ni siquiera habría podido abrir la puerta del auto. Ella no quería continuar, pero no veía alternativa.

Se asustó y comenzó a llorar. Él no reaccionó. Ella sentía que su vida estaba en peligro y que allí se había acabado todo. Comenzó a orar una y otra vez en voz alta: «¡Jesús, ayúdame! ¡Jesús, sálvame!». El hombre que le había parecido amable en el trabajo, de repente cambió y se puso frío e insensible y no se compadeció en absoluto por su llanto. No le preguntó por qué lloraba. Lo sabía.

Ni siquiera sus gritos para que Jesús la rescatara desconcertaron a este hombre. Se convirtió en una persona muy distinta, claramente con la intención de hacer algo a pesar de sus súplicas. Era obvio que tenía otro plan en mente. Y mi hija sabía que quizá no saldría viva de esa situación. Estaba fuera de sí con miedo.

El camino no llevaba a ningún lado, sino a un pequeño espacio abierto. No había nada ni nadie, y estaba oscuro por completo, excepto por las luces del auto. Ella sabía que estaba atrapada y tenía el sentimiento más horroroso y escalofriante por lo que estaba a punto de suceder. Sabía que podría violarla y matarla justo en ese lugar, y que su cuerpo lo lanzaría allí en el bosque y nunca lo encontrarían. A esta altura, sollozaba de manera convulsiva, pero el hombre seguía sin manifestar sentimiento alguno.

Le dijo que se detuviera allí y que se bajara del auto. De inmediato, él salió del auto, dejando su puerta abierta a fin de que ella no pudiera cerrar las puertas y escapar. Todavía no había suficiente espacio para dar la vuelta y volver por la montaña.

Estaba tan oscuro que cuando el hombre apenas se alejó dos pasos del auto, ella ya no podía verlo. De nuevo, le dijo con severidad:

—¡Sal del auto!

—Está bien, ya voy —le dijo ella tratando de ganar tiempo, y en ese momento tomó su teléfono y me llamó. Dijo que se obligó a hablar lo más normal que pudo para no alterarlo. Allí fue cuando me dijo que iba camino a casa para que él supiera que alguien la esperaba.

En ese momento, no estaba segura de dónde estaba él porque no podía verlo. Temía que se le apareciera por su lado del auto. Le puso seguro a la puerta y decidió que no habría manera de salir del auto y dejar que la llevara al bosque. Tendría que matarla en el auto. Mientras consideraba cómo luchar en su contra, el hombre llegó corriendo del bosque aterrorizado y de un salto entró al auto. De un golpe cerró la puerta y gritó:

—¡Vamos! ¡Vamos! ¡Vamos! ¡Hay algo horrible en el bosque!

Estaba muy asustado y desesperado. Ella hizo lo que le pidió.

Él le indicó cómo bajar por el otro lado de la montaña, porque era imposible volver por el camino que llegaron. Sin embargo, ese lado de la montaña era muy sinuoso y tenía un precipicio por el lado del conductor. Pudo ver todo eso.

El hombre seguía gritando:

—¡Más rápido! ¡Ve más rápido!

Aun así, ella sentía que ya iba demasiado rápido para ese camino peligroso. Era obvio que él estaba petrificado y seguía diciendo:

—Hay algo horrible allá

—¿Qué viste? —le preguntó ella.

—No sé... era horrible... no puedo... es aterrador... hay algo horrible allá —dijo genuinamente perturbado.

—¿Qué viste? —volvió a preguntarle ella.

Sin embargo, el hombre ni siquiera podía poner las palabras juntas para describirlo.

No le dijo ni una palabra más en todo el camino hacia su auto, donde ella lo dejó. Todavía estaba visiblemente conmocionado cuando salió del auto de ella y corrió al suyo. Ella se fue a casa de inmediato. Nunca lo volvió a ver. Y poco después de eso ella renunció a su trabajo.

Más tarde, se preguntaba: *¿Cómo pudo ver algo en esa noche tan oscura? Si era una persona o un animal, podría haberlo descrito. Si era un objeto inanimado, podría haberlo dicho.* Ella me dijo que cualquier cosa que hubiera habido en el bosque, le había dado paz. Sabía que era del Señor.

Después que me contara su historia, le describí cómo me sentí guiada a orar por ella esa noche. Le conté cómo no podía deshacerme del sentimiento inquietante que tenía, por lo que oré por su protección, para que no prosperara ninguna arma forjada en su contra y para que ningún plan del enemigo tuviera éxito en su vida. Oré de manera específica, una y otra vez, a fin de que el Señor la rodeara con sus ángeles. En ese momento, las dos llegamos a la misma conclusión: cualquier cosa que viera el hombre y que de repente lo debilitó con miedo, la *envió Dios*. Algo indescriptible para un incrédulo estaba en el bosque. Y Dios lo envió, cualquier cosa que fuera. Creemos que vio ángeles guerreros gigantes con espadas desenvainadas o tal vez al ángel del Señor. No solo *percibió* su presencia aterradora, sino que *vio* algo.

Muy a menudo en la Biblia, cuando un ángel enviado por Dios se le aparece a alguien, lo primero que decía era: «No temas». La gente temía incluso cuando el ángel les traía buenas noticias. Esos ángeles son imponentes y aterradores al contemplarlos. Imagina lo amenazador que sería un ángel de esos, con una espada desenvainada, que se acerque de una manera amenazante hacia un incrédulo que está a punto de hacer algo malo en contra de un hijo de Dios. La Biblia dice: «A sus ángeles mandará acerca de ti, que te guarden en todos tus caminos. En las manos te llevarán, para que tu pie no tropiece en piedra» (Salmo 91:11-12). Imagina cuánto más es así cuando dos guerreros de oración claman con desesperación por el rescate de las garras de la muerte.

El ángel del Señor se menciona muchas veces en la Biblia. «El Señor abrió los ojos de Balaam, y él vio al ángel del Señor de pie en el camino, con la espada desenvainada en su mano, e inclinándose, se postró rostro en tierra» (Números 22:31, LBLA). También dice: «El ángel del Señor acampa alrededor de los que le temen, y los rescata» (Salmo 34:7, LBLA).

Ese incidente cambió la vida de mi hija. Ella siempre fue una persona fuerte en la oración, pero vio el poder de Dios manifestado de una manera inolvidable a su favor como respuesta a la oración. Desde entonces, nunca ha sido la misma. Aunque no es tan confiada con la gente, confía mucho en la mano de protección de Dios en su vida.

Eso es lo que significa ser un guerrero de oración. Se trata de orar sin cesar y hacer esos depósitos de oración en ese banco celestial hasta el día en que necesitas hacer un retiro importante. Creo que esos años que mi esposo y yo oramos por la seguridad de nuestra hija fueron acumulativos. Y tenían que serlo. Fueron salvadores de vida en contra de los planes del enemigo.

Nuestras oraciones tienen poder. No creas lo contrario. Mientras más ores, más poder tendrán, y más respuestas verás a la oración. Fuimos a la batalla en oración y el enemigo salió derrotado. Alabado sea Dios, nuestras oraciones se convirtieron en un milagro.

El campo de batalla en la lucha por tu matrimonio

El enemigo ataca donde cree que puede hacerlo. Es decir, en cualquier lugar en el que vea vulnerabilidad. Uno de esos campos es el matrimonio. No le gusta el matrimonio porque es algo que estableció Dios, y por el matrimonio es que nace y crece la descendencia y Dios se glorifica en la familia. Además, el enemigo no quiere que Dios sea glorificado porque está obsesionado con buscar su propia gloria.

El enemigo atacará en el campo de batalla de tu matrimonio cuando pueda hacerlo. Si hay egoísmo por parte del esposo o de la esposa, el enemigo puede trabajar en medio de esa debilidad. Su táctica especial es provocar contienda entre el esposo y la esposa para que se hieran entre sí con sus palabras y acciones ásperas, y que nunca piensen culpar al enemigo por incitarlo. Más bien se culpan el uno al otro.

La persona que más amamos también puede herirnos más, sobre todo en un matrimonio. Sin embargo, no debemos reaccionar a las mismas como si *fueran* el enemigo. En su lugar, debemos buscar a Dios en oración y pedirle que nos revele la verdad de lo que está sucediendo. No inicies una batalla con tu cónyuge. Acércate a Dios y proclama su verdad en contra del enemigo.

Mi matrimonio tuvo problemas desde el principio porque yo llegué a él con muchas heridas y pensamientos negativos de mí misma que me inculcaron desde mi niñez. Mi esposo llegó al matrimonio con mucha ira por ciertas experiencias dolorosas de su pasado también. Su ira dirigida a mí me hizo tener más heridas y el hecho de que me alejara de él lo enojaba aun más. La contienda entre nosotros llegó a ser insoportable.

Cuando por fin pudimos ver que el campo de batalla que el enemigo nos escogió era nuestro matrimonio, comenzamos a progresar. Tuvimos que reconocer de dónde venía el revuelo y combatirlo en oración. Aquí te conté la historia mucho más corta y sencilla a fin de aclarar las cosas, pero en caso de que te interese, escribí la historia completa en mi libro *El poder de la esposa que ora*.

Hay una infinidad de personas en todo el mundo que son guerreras de oración por su matrimonio. No sé cómo se puede mantener un matrimonio unido sin la oración vigilante. Aunque seas la única persona que ore, puedes ver un milagro. Es decir, a menos que tu pareja tenga una voluntad demasiado férrea que se niegue a escuchar a Dios. En ese caso, déjalo en las manos de Dios. Él tiene una manera de hablar a nuestro corazón que ninguna otra persona tiene.

Siempre que te ataquen, determina dónde está el campo de batalla al que te llevó el enemigo. Es importante tener claridad en cuanto a cuáles son con exactitud los límites de la batalla en la que estás luchando. ¿Es personal, respecto a tus emociones, cuerpo, alma o corazón? ¿En tus hijos? ¿En tu matrimonio? ¿En tu trabajo? ¿En tu salud? ¿Es a nombre de otras personas? ¿Qué personas y dónde? ¿Es en alguna relación? ¿Con un vecino? ¿Con un compañero de trabajo? ¿Tu iglesia? ¿Dónde? ¿Qué? Sé tan específico como te sea posible para que puedas tener claro a dónde el enemigo ha llevado la batalla. Dondequiera que sea, regresa el campo de batalla al lugar en que elijas *tú*... a tu propio armario de oración.

Oración para el
guerrero de oración

SEÑOR, sé que el campo de batalla es donde estoy orando porque la oración *es* la batalla. Sin embargo, cuando el enemigo me traiga la batalla, ayúdame a discernir con exactitud cuál es el campo de batalla. Permíteme ver la verdad en cuanto a lo que estoy combatiendo. Ayúdame a ser tan claro en cuanto a esto para que sepa con precisión la manera de orar. Permíteme entender por qué y cómo me llamas a orar. Enséñame a reconocer los planes del enemigo y a tomar el dominio de sus tácticas en oración.

Cuando escuche un impulso de tu Espíritu, no permitas que lo pase por alto. Cuando me digas que ore por alguna persona o situación, permíteme oír de ti de forma específica y no estar tan cansado ni tan preocupado como para orar. Enséñame a responder de inmediato. Sé que «las armas de nuestra milicia no son carnales, sino poderosas en Dios para la destrucción de fortalezas» (2 Corintios 10:4). Enséñame a derribar toda fortaleza que el enemigo trate de erigir en mi vida y en la vida de otras personas que tú pongas en mi corazón. Ayúdame a refutar cualquier argumento o altivez que se levante en contra de ti, de tus caminos y de tu voluntad.

Permíteme ver siempre con claridad lo que haga el enemigo, de modo que sea capaz de identificar el campo de batalla donde emprenda la guerra en mi contra. Ayúdame a ver con claridad cuando el enemigo de mi alma ataque mi mente con negativismo. Enséñame a poner al instante bajo tu control mis pensamientos y sentimientos, en obediencia a tus caminos (2 Corintios 10:5). Ayúdame a llevar cautivo todo pensamiento y a ponerlo bajo tu señorío. Sé que mis armas son espirituales y que estoy capacitado para usarlas en cualquier campo de batalla que se me presente. Gracias porque tu ángel acampa alrededor de mí y nos defienden a mí y a las personas por las que oro (Salmo 34:7). Gracias porque les ordenas a tus ángeles que nos mantengan a salvo a mi familia y a mí, y nos lleven para que no tropecemos (Salmo 91:11-12).

Te lo pido en el nombre de Jesús.

Aunque andamos en la carne,
no militamos según la carne;
porque las armas de nuestra milicia no
son carnales, sino poderosas en Dios para
la destrucción de fortalezas, derribando
argumentos y toda altivez que se levanta contra
el conocimiento de Dios, y llevando cautivo
todo pensamiento a la obediencia a Cristo.

2 CORINTIOS 10:3-5

10

SIGUE LAS ÓRDENES DE DIOS
PARA RESISTIR AL ENEMIGO

¿Cómo conseguimos que el enemigo deje de acosarnos? La Palabra de Dios dice: «Resistan al diablo, y él huirá de ustedes» (Santiago 4:7, NVI®). Sin embargo, ¿cómo resistimos?

Las tres palabras antes de esas dicen: *«Sométanse a Dios».*

«Someterse» es un término militar, y significa obedecer a un comandante o estar subordinado a él. Te enteras de soldados a quienes los acusan de insubordinación. Eso significa que no obedecieron a su oficial de mando. No queremos que alguna vez Dios nos acuse de insubordinación. Queremos someternos a Él de la manera en que un soldado se *somete* a su comandante. Sin cuestionarlo.

Cuando Santiago hablaba con la gente a la que le escribió acerca de sus pecados, les dijo que su amistad con el mundo los había convertido en enemigos de Dios. Le pedían cosas a Dios, pero no las recibían porque pedían con motivos egoístas por completo (Santiago 4:1-5). Dios quería ser el primero en sus corazones.

Dios también quiere ser el primero en nuestro corazón. Cuando hacemos cosas que de cualquier manera nos separan de Él, nuestras oraciones no reciben respuesta.

¿Qué nos separa del amor de Dios? El *pecado.* La *mundanalidad.* El *orgullo* (Santiago 4:6). Estos tres se acompañan. Entonces, ¿qué puede ponerle un alto a todo esto en nuestras vidas?

La humildad puede hacerlo.

Resiste al enemigo al rechazar el orgullo

La humildad es la cura para el orgullo, la mundanalidad y el pecado. Esa es la cura para muchas cosas. La humildad llega al someternos por completo a Dios.

Someterse a Dios significa humillarse ante Él y declarar nuestra dependencia total de Él. Significa arrepentirnos de todo el orgullo.

El enemigo conoce nuestras debilidades. Por eso es que cada debilidad debe someterse a Dios, a fin de que su Espíritu pueda permitirnos ser fuertes en esas esferas. ¿Alguna vez te has preguntado por qué hemos visto tantos líderes cristianos caer en la inmoralidad? Eso se debe a que tenían aspectos de sus vidas que no habían sometido a Dios y el enemigo pudo lanzar un señuelo en esos lugares. El enemigo, y la persona que usó el enemigo, en primer lugar podrían apelar a su orgullo. Alguien los elogió y se inflaron con eso. ¡El orgullo es cegador! Su orgullo los hizo pensar que estaban por encima de las leyes de Dios, y a veces por encima de las leyes de los hombres. Cuando el orgullo haya cabida en cualquiera, esa persona se alinea con el enemigo; al fin y al cabo, tienen el orgullo en común, y él los llevará a donde Dios nunca quiso que fueran.

Cualquier esfera sin someter en nosotros es peligrosa. Cuando no nos sometemos a Dios en nuestra vida, hay una invitación automática para el enemigo. Por eso es que el primer paso para resistirse al enemigo es someterse a Dios en todos los sentidos.

Tenemos que estar cimentados por completo en las cosas de Dios. Tenemos que vivir sobre esa base sólida a fin de que nuestra vida no se sacuda cuando el enemigo llegue a atraparnos en nuestro orgullo. Cuando nos resistimos al diablo al resistir el orgullo, el enemigo ve que pierde su tiempo con nosotros y huye hacia otra persona más receptiva a sus incitaciones.

No importa la manera tan poderosa en que el enemigo venga en contra de nosotros. Si optamos por resistirlo, y esto ocurre en nuestro corazón cuando tomamos esa decisión, el enemigo no puede prevalecer en contra de nosotros.

Sin embargo, primero tenemos que someternos a Dios.

Solo cuando nos sometemos primero a Dios, podemos resistir con éxito al diablo. Tratar de resistirlo sin someternos antes a Dios es una batalla perdida. No podemos comenzar a resistirlo por nuestra cuenta sin el poder de Dios en nosotros. Solo entonces podemos acercarnos en verdad a Dios, limpiar nuestras manos, purificar nuestros corazones, afligirnos por nuestros pecados, apenarnos por nuestros fracasos, clamar a Dios por perdón mediante la confesión y arrepentirnos y humillarnos ante el Señor. Cuando el Señor nos ve inclinados ante Él en humildad, nos exalta.

Jesús dijo: «*Cualquiera que se enaltece, será humillado; y el que se humilla será enaltecido*» (Lucas 18:14). Cuando nos humillamos ante Dios, Él nos extiende su *gracia*. Y no podemos resistir al enemigo con éxito sin la gracia de Dios. Él ha determinado humillar al orgulloso. Y Él exaltará al humilde. Su Palabra dice: «*Humillaos, pues, bajo la poderosa mano de Dios, para que él os exalte cuando fuere tiempo*; echando toda vuestra ansiedad sobre él, porque él tiene cuidado de vosotros» (1 Pedro 5:6-7).

Sométete a Dios al humillarte ante Él, y Él te exaltará.

Cuando nos resistimos al orgullo, resistimos al enemigo. Cuando nos acercamos a Dios, Él responde del mismo modo. «Acercaos a Dios, y él se acercará a vosotros. Pecadores, limpiad las manos; y vosotros los de doble ánimo, purificad vuestros corazones» (Santiago 4:8). Ser de doble ánimo significa vacilar de un lado a otro con un pie en el mundo y otro en el reino de Dios. Nunca podremos recibir todo lo que Dios tiene para nosotros cuando hacemos eso. Debemos limpiar nuestros deseos de tal manera que nos aflijamos por cualquier orgullo, pecado o mundanalidad que veamos en nosotros. Nuestro total reconocimiento de eso hará que nos lamentemos (Santiago 4:9). Y eso es algo bueno.

El soberbio se resiste a Dios, pero Dios resiste al soberbio (Santiago 4:6).

Lo último que necesitamos es que Dios nos resista.

En esencia, la guerra y las peleas llegan de la rebelión en contra de Dios (Santiago 4:1-2). Eso ocurre cuando queremos lo que *queremos* y no nos importa lo que quiere *Dios*. Todo pecado es anarquía. Toda la anarquía es *rebelión* en contra de Dios. *La raíz de la rebelión en contra de Dios es el orgullo.* El orgullo hace que la gente vaya a la guerra con Dios al ser amiga del enemigo de Dios.

Abraham decidió ser amigo de Dios. «Abraham creyó a Dios, y le fue contado por justicia, y fue llamado *amigo de Dios*» (Santiago 2:23). El sobrino de Abraham, Lot, decidió ser amigo del mundo. Como resultado, Dios bendijo a Abraham, y Lot acabó perdiéndolo todo. Tenemos que decidir ser amigos de *Dios* y nunca ponernos del lado del enemigo. Eso significa que nos importa más lo que piensa *Dios* que lo que piensa cualquier otra persona.

Dios nos vivifica cuando somos humildes. «Porque así dice el Alto y Sublime que vive para siempre, cuyo nombre es Santo: *Habito en lo alto y santo, y también con el contrito y humilde de espíritu, para vivificar el espíritu de los humildes* y para vivificar el corazón de los contritos» (Isaías 57:15, LBLA). Dios habita con nosotros cuando somos humildes ante Él.

Dios escucha nuestras oraciones cuando somos humildes. «Oh Señor, *tú has oído el deseo de los humildes*; tú fortalecerás su corazón e inclinarás tu oído» (Salmo 10:17, LBLA). Cuando reconocemos nuestro orgullo y le respondemos con aflicción y arrepentimiento en nuestro corazón, podemos ser purificados y renovados.

No permitas que el enemigo te diga que someterte a Dios hará que pierdas alguna gran cosa mundana. En realidad, es cierto lo contrario. Someterte al enemigo limitará todo lo que Dios tiene para ti. Someterte a *Dios* trae bendiciones a tu vida más allá de lo que puedas imaginar. Lo que obtienes es mucho más supremo que cualquier otra cosa que pueda ofrecer el mundo.

El enemigo quiere que estemos separados de Dios, pero solo nos puede separar si nosotros lo escuchamos a *él*, en lugar de la *verdad de Dios*. Cuando nos sometemos a Dios y a sus caminos, no nos alinearemos con el mal. Todos enfrentamos la tentación del enemigo de ser orgullosos, de alguna manera u otra, en nuestra vida. Los guerreros de oración son personas humildes. En su naturaleza está el amar a Dios e interesarse por los demás. Sufrirán al pensar que han entristecido a Dios y que el Espíritu Santo los anhela, como un padre se entristece por sus hijos y los anhela. Sin embargo, el orgullo puede infiltrarse en cualquiera de nosotros. No podemos pasar por alto esa posibilidad. Por eso debemos orar con frecuencia de modo que podamos resistir al enemigo siendo humildes ante Dios. Y eso sucede con cada paso que demos de sumisión a Dios.

Resiste al enemigo al rechazar el temor

Estás hecho de «*espíritu, alma* y *cuerpo*», tu alma está hecha de tu *mente* y tus *emociones*, y esto incluye tu *voluntad* (1 Tesalonicenses 5:23). Dios quiere que todos estos aspectos tuyos se sometan bajo el señorío de Él. Si el enemigo tiene influencia en cualquiera de estas esferas, te darás cuenta de que el temor se infiltrará en tu alma.

El temor aumenta en nosotros cuando nos involucramos mucho en el mundo. Si sufres de miedo, el enemigo aprovechará la oportunidad de alimentarlo hasta que estés emocionalmente paralizado. Esa es una de las razones por las que tanta gente toma medicinas. Sus problemas tienen como raíz el miedo: miedo al fracaso, miedo a no vivir de acuerdo a ciertos estándares, miedo al futuro, miedo al juicio, miedo a las críticas, miedo a los hombres, miedo a todo. Por curiosidad, busqué en un libro acerca de los temores y las fobias, y me quedé pasmada al encontrar que son tan numerosos como las estrellas. Hay una fobia para todo lo que existe en la tierra. ¿Y de dónde vienen todos estos temores innumerables? No vienen de Dios. El miedo es la obra del enemigo en nuestra vida. Nos volvemos miedosos cuando oímos la voz del enemigo y no la voz de Dios.

De ninguna manera critico a cualquier persona que tome medicinas. En lo más mínimo. Tómala cuando la necesites. He conocido a gente con fobias distintas, y esos temores son muy reales para la persona que es víctima de sus tormentos. Solo digo que Dios tiene liberación del temor. Y su libertad es gratuita.

Antes de que aceptara al Señor, me atormentaban varios temores todos los días de mi vida. En su mayoría, eran temores de «qué pasará si». «¿Qué pasará si alguien entra por la fuerza?» «¿Qué pasará si fracaso?» «¿Qué pasará si me rechazan?» «¿Qué pasará si me veo en un accidente?» «¿Qué pasará si me da una enfermedad mortal?» Recuerdo muy bien lo horrible que se sentía estar casi paralizada por el temor. Era más que solo temor; era terror. Era un espíritu de temor del enemigo.

Cuando me entregué al Señor, mi depresión y mi ansiedad eran tan severas que busqué consejería cristiana de la dotada esposa de un pastor. Me aconsejó que hiciera un ayuno de tres días, y ayunó conmigo, y cuando terminó, ella y la esposa de otro pastor oraron por mí, y yo recibí la liberación de todo temor, depresión y ansiedad. Sentí que todo eso se elevó. Me dijeron que «*no nos ha dado Dios espíritu de cobardía*, sino de *poder*, de *amor* y de *dominio propio*» (2 Timoteo 1:7). Desde ese momento, ya no pensé en el temor. Se fue, junto con la depresión y la ansiedad. Fue algo milagroso. Mi vida se transformó desde entonces. Alabé a Dios por el poder, el amor y la cordura que me había dado.

Siento que debo decir aquí que mi temor, depresión y ansiedad se debieron a una profunda herida en mi alma por el abuso que sufrí en la niñez. Traté de superarlo con la medicina, y lo único que hizo fue hacerme sentir más desesperanzada. El sobrecogedor amor y el poder de Dios fueron lo que se llevaron todo ese tormento mental y emocional, y nunca más me volvió a paralizar. No digo que nunca estuve deprimida, ansiosa, ni temerosa desde ese momento. En nuestra vida ocurren cosas que nos hacen sentir así. No obstante, si alguna vez me sentía de esa manera, iba directamente al Señor y a su Palabra y se me quitaba de inmediato. Desde entonces, el enemigo ya no tuvo esa influencia en mi vida.

Algunas personas experimentan temor, depresión y ansiedad y *sí* requieren de ayuda médica. Y no es por algo terrible que les ocurriera en su pasado. Solo que hay algo que necesita su cuerpo. Si necesitas medicina de algún médico y te ayuda, tómala y dale gracias a Dios por esa ayuda. Eso no es para sentirse mal de ninguna manera. No te desanimes por eso. No te descalifica para nada ante los ojos de Dios. Tienes valor y propósito como cualquiera, por lo que no dejes que el enemigo te mienta y te diga algo distinto. Todos tenemos cosas con las que batallamos. Solo sigue orando para que tu médico y tú tengan sabiduría en cuanto a lo que te ayudará mejor.

Un temor común para mucha gente es que nuestro pasado controlará nuestro futuro. Es decir, estamos destinados a repetir los fracasos y la devastación de nuestro pasado. Nada podría estar más lejos de la verdad. Esa es otra mentira del enemigo. La verdad es que tú no eres tu pasado. Eres una nueva criatura en Cristo. Eso no quiere decir que debes *obviar* el pasado. Reconócelo por lo que fue. Si fue terrible y dañino para ti, si fue perjudicial y sabes que ocasionó grandes cicatrices en tu mente y tus emociones, no lo niegues. Llévalo ante el Señor. Dios redimirá cualquier cosa y sacará algo bueno de ella. Es uno de los incontables milagros que hace Él.

Pablo dijo que vivía «*olvidando ciertamente lo que queda atrás, y extendiéndome a lo que está delante*, prosigo a la meta, al premio del supremo llamamiento de Dios en Cristo Jesús» (Filipenses 3:13-14). Nosotros debemos hacer lo mismo. Dios te ayudará a salir de tu pasado y a extenderte hacia el futuro que tiene para ti. Y el temor no será parte de ese proceso.

El temor es una de las armas del enemigo en contra nuestra. Niégate a aceptarlo. Conoce la verdad de Dios de manera que no permitas que el mundo controle tus pensamientos ni determine el nivel de tu paz. No te dejes atraer por los muchos conflictos que te rodean para que te derriben. Niégate a permitir que los medios de comunicación te llenen de temor a medida que tratan de dirigir tus pensamientos y manipular tus dudas. No toleres las influencias externas en el mundo que te distraen de lo que ocurre en el reino espiritual. Niégate a estar agobiado, porque *Dios* no está agobiado. Resiste toda la confusión. Agradécele a Dios todos los días por el *dominio propio* que te ha dado. Solo hay un proveedor de temor y confusión, y sabes quién es.

Resiste al enemigo al orar por los milagros

Cuando Pedro estaba en la cárcel, «la iglesia hacía sin cesar oración a Dios por él» (Hechos 12:5). El Espíritu guio a mucha gente para que orara de manera ferviente por Pedro.

Cuando estaba dormido en la cárcel *y atado con dos cadenas entre dos soldados*, y *con guardias delante de la puerta de la cárcel*, «*se le apareció un ángel del Señor*, y una luz brilló en la celda; y el ángel tocó a Pedro en el costado», le dijo que se levantara *y se le cayeron las cadenas* (Hechos 12:7, LBLA). El ángel le indicó a Pedro que se pusiera sus sandalias y lo siguiera, y no solo pasaron caminando por donde estaban los soldados y los guardias, sino que *la puerta de hierro se abrió de forma automática*. Cuando llegó a la casa donde la gente todavía oraba, no podían creer que Pedro estaba a la puerta. Fue un milagro incluso mayor del que pensaron que podría ocurrir.

Las oraciones fervientes, incesantes y guiadas por el Espíritu sacaron de las manos del enemigo la liberación milagrosa de Pedro. *Mientras todavía oraban, sus cadenas se le cayeron*, los guardias se durmieron y las puertas de hierro se abrieron. Nunca sabes cómo tus oraciones pueden liberar a un cautivo.

Dios quiere hacer milagros por medio de nosotros, pero muy a menudo, ya sea que no oremos por ellos, o no creamos que puedan ocurrir, o cuando se *producen* tenemos problemas para creer. El enemigo no solo no quiere que ocurran los milagros de Dios, pues nunca le sacan provecho, sino que siempre tratará de robar el milagro que Dios hizo al traer la duda en cuanto a esto. Aun cuando ocurra algún milagro, el enemigo tratará de borrarlo. Cuando Jesús resucitó a Lázaro, los religiosos que trabajaban en contra de Jesús trataron de destruir el milagro al planear matar a Lázaro (Juan 12:10). No querían que se esparciera la noticia de ese milagro. A medida que el reino de Dios avanza y ocurren milagros, el enemigo buscará cualquier oportunidad de tratar de desacreditar cada uno.

Cuando Dios liberó a los israelitas de la esclavitud, huyeron al Mar Rojo, donde no pudieron seguir adelante. Vieron el enorme ejército de egipcios que les perseguía y, en lugar de estar llenos de fe por todos los milagros que acababan de presenciar, se quejaron de que debían haberse quedado como esclavos en Egipto. Es probable que no oraran por otro milagro porque ni siquiera podían imaginar que un milagro los salvaría. ¿Quién imaginaría que el Mar Rojo se dividiría a fin de que les permitiera atravesarlo por tierra seca? Sin embargo, de eso se trata. Muy a menudo, solo porque no podemos imaginar el milagro, no oramos por él. Tenemos que dejar de hacer eso. Debemos confiar en nuestro Dios que hace milagros y orar por un milagro sin sentir que tenemos que decirle a Él cómo hacerlo.

Incluso después del rescate de los israelitas por la división del Mar Rojo y el hundimiento del ejército egipcio, no confiaron en Dios. Todavía querían su vieja esclavitud porque les era más conocida que su nueva libertad. La libertad requería mucho trabajo. No oraron por milagros porque su vida sin milagros en la esclavitud en Egipto les parecía más fácil.

La Biblia dice: «Sed *sobrios*, y *velad*; porque *vuestro adversario el diablo*, como león rugiente, anda alrededor *buscando a quien devorar; al cual resistid firmes en la fe*, sabiendo que los mismos padecimientos se van cumpliendo en vuestros hermanos en todo el mundo» (1 Pedro 5:8-9). El enemigo ataca y engaña a los creyentes en el mundo entero todos los días, pero podemos resistir sus tácticas, no solo por nosotros mismos, sino por cualquiera en cualquier lugar. En la primera carta de Pablo a Timoteo, le instruyó que peleara «la buena batalla» (1 Timoteo 1:18). Sus palabras nos dicen que nosotros también *podemos* pelear la buena batalla porque el Espíritu Santo nos da las armas y el poder que tenemos para hacerlo.

No debemos temer ni evitar nuestro servicio a Dios como guerreros de oración. Debemos *aceptarlo*. Tenemos el poder que cobra vida por el Espíritu Santo y no debemos permitir que el enemigo nos diga lo contrario. Debemos seguir las órdenes de Dios para resistir al enemigo, al orar por milagros hasta que percibamos la presencia del Señor con nosotros, ya sea haciendo que sucedan o liberándonos de esa carga específica de oración.

Ora para que Dios nos libre de la incredulidad y aumente nuestra fe para creer en los milagros.

Cuando Dios ponga en tu corazón que ores por algo, no dudes de si puedes orar con eficacia, ni pienses que lo que pides no es posible que ocurra. Todos los guerreros de oración deben estar convencidos de que Dios puede obrar un milagro en cualquier momento, y que su poder no está limitado a lo que nosotros *creamos* o *sintamos* que hará, ni a lo que alguien de poca fe decida que no puede hacer. Solo debemos orar por un milagro. A partir de ese momento, está en las manos de Dios.

Resiste al enemigo al no rendirte

Someterse a Dios significa hacer todo lo que Él te pida que hagas. Significa mantenerse *firme* por Él. Resistir al enemigo significa *no* hacer nada que quiera que hagas. Significa estar firme *en su contra.*

Si escuchas las mentiras del enemigo, no estás firme en su contra. Él se da cuenta cuando tu determinación es débil. También sabe cuándo esta es impenetrable y pierde su tiempo contigo. Así que se va y jura volver en uno de tus momentos débiles. Sin embargo, cuando optas por seguir dependiendo del Señor y de *su* fortaleza, eres lo bastante fuerte como para evitar los momentos débiles.

Jesús dijo que los hombres deben «orar siempre, y no desmayar» (Lucas 18:1).

No te desanimes ni dejes de orar. El enemigo gana de esa manera. Y no te preocupes por las dificultades que atraviesas. No te descalifican para que seas un poderoso guerrero de oración. «Esta leve tribulación momentánea produce en nosotros un cada vez más excelente y eterno peso de gloria; *no mirando nosotros las cosas que se ven, sino las que no se ven*; pues las cosas que se ven son temporales, pero las que no se ven son eternas» (2 Corintios 4:17-18). El enemigo tratará de desanimarte de muchas maneras distintas. Te dirá que tus oraciones no tienen poder y que muy bien podrías desistir de orar por completo. No lo oigas. Sigue confiando en Dios.

El tiempo apropiado para someterse a Dios es ahora. El tiempo apropiado para resistirse al enemigo es ahora. El tiempo apropiado para vivir en la libertad que Cristo tiene para ti es ahora. El tiempo apropiado para rendir tu vida en oración es ahora. El tiempo apropiado para estar siempre «firmes en el Señor» es ahora (Filipenses 4:1). Eso significa no dejar de orar. Tus oraciones cuentan, incluso las que todavía no se han respondido.

Jesús contó una historia acerca de un juez «que ni temía a Dios, ni respetaba a hombre» (Lucas 18:2). En cambio, había una viuda que iba a ver a este juez muy a menudo para obtener justicia en cuanto a su adversario. El juez se cansó de sus súplicas constantes y decidió ayudarla. Como respuesta a esta historia, Jesús dijo: «¿Acaso Dios no hará justicia a sus escogidos, que claman a él día y noche? ¿Se tardará mucho en responderles? Les digo que sí les hará justicia, y sin demora» (Lucas 18:7-8, nvi®). Muchas veces la gente desiste de orar porque no llega la respuesta. Sin embargo, Dios dice que sigamos orando y que nunca nos rindamos.

No comiences el día, ni dejes que pase el día, sin que no hayas orado. Dicho esto, niégate a albergar culpa o condenación cuando pasas por alto un tiempo de oración un día o dos. Eso también es una táctica del enemigo. En lugar de eso, pídele a Dios que te ayude a pasar tiempo con Él todos los días en oración. Decide seguir la instrucción de Dios de estar «*siempre gozosos. Oren sin cesar. Den gracias a Dios en todo*, porque ésta es su voluntad para ustedes en Cristo Jesús. No apaguen el Espíritu. No menosprecien las profecías. Examínenlo todo; retengan lo bueno. Absténganse de toda especie de mal» (1 Tesalonicenses 5:16-22, rvc).

Al enemigo se le describe como «león rugiente» que merodea y busca alguien a quien destruir. Tenemos que estar vigilantes todo el tiempo «para que Satanás no gane ventaja alguna sobre nosotros; pues no ignoramos sus maquinaciones» (2 Corintios 2:11). Si nuestro enemigo nunca se toma un día libre para seguir sus planes malos, nosotros no debemos tomar ni un día libre en resistirlo. Así que no cedas. Permanece firme en todo lo que sabes del Señor y su Palabra. Decide que *no* le cederás nada al enemigo. «*Manténganse alerta; permanezcan firmes en la fe*; sean valientes y fuertes» (1 Corintios 16:13, nvi®).

Acércate a Dios todos los días y sométete a Él. Mantente siempre listo para escucharle hablar a tu corazón, listo para obedecerle en todo y atento para orar según te dirija Él. Eso significa que tu corazón nunca se endurece para con Dios; siempre es sensible. Y tú has decidido seguir sus órdenes sin reserva, como un buen soldado.

Cuando *te resistes o estás firme en contra del enemigo*, la promesa de Dios es que el diablo «*huirá*» (Santiago 4:7). No se trata de que «es posible que quizá lo haga». Se trata de que lo hará con toda seguridad. Tiene que hacerlo.

Resiste al enemigo al negarte a estar descontento

La súplica significa más que solo pedirle algo a Dios.

La súplica significa orar hasta que la carga que tienes en tu corazón se libera en las manos de Dios.

Solo en esa transferencia de tu preocupación a Dios experimentarás la clase de paz que se lleva todo descontento. La súplica implica orar *por* algo. Significa *seguir orando* hasta que ves la respuesta o recibes paz para dejar de orar, cualquiera que sea que suceda primero.

Dios quiere que estés contento, sin importar en qué condición te encuentres ni qué ocurra en tu vida. Eso no significa que tengas que *permanecer* en ese estado para siempre. Significa que confías en que Dios no va a *dejarte* en ese estado para siempre. Con Dios, las cosas siempre cambian en tu vida. *Él* es inmutable, pero tú *no* lo serás. A eso se debe que Dios quiera que siempre llegues a ser más semejante a Él.

¿Cuántas personas hemos visto que han endurecido su corazón hacia Dios porque Él no hizo lo que querían que hiciera? *Apostasía* es alejarse de Dios y de su Palabra. Es cuando la gente sirve a Dios solo de palabra, pero sus corazones son duros hacia Él. Jesús dijo: «Este pueblo de labios me honra; mas su corazón está lejos de mí»

(Mateo 15:8). Dios quiere llevarnos por un viaje con Él todos los días, pero muchas veces queremos que nos den todo sin el viaje. Él tiene mucho que quiere hacer en nuestra vida, pero para poder llegar a donde quiere llevarnos debemos viajar a su lado paso a paso, en un camino de fe con Él. Queremos todo ahora, en lugar de estar contentos donde estamos y con lo que tenemos hasta el momento, sabiendo que Dios tiene más para nosotros de lo que podamos imaginar.

Dios quiere que dependas de Él cada vez más para poder llevarte a lugares a los que no puedes ir sin su compañía. Quiere que confíes en que Él proveerá todo lo que necesitas para la situación en la que estás. Quiere que creas como lo hizo Pablo: «Mi Dios suplirá todo lo que les falte, conforme a sus riquezas en gloria en Cristo Jesús» (Filipenses 4:19, RVC).

Pablo dijo: *«He aprendido a contentarme, cualquiera que sea mi situación»* (Filipenses 4:11). Y la razón por la que podía decir eso se explica cuando dijo: *«Todo lo puedo en Cristo que me fortalece»* (Filipenses 4:13). Pablo podía estar contento porque sabía que Jesús y el Espíritu Santo en él le darían la fortaleza para hacer todo lo que necesitara hacer. Tenemos que estar seguros de eso también. Nos ayuda a resistir al enemigo, sin importar lo que esté sucediendo.

Resiste al enemigo recordando la verdad

Una de las mejores maneras de someterse a Dios y de resistir al enemigo es recordar lo que es verdadero y lo que no lo es. Es más fácil rechazar las mentiras del enemigo cuando sabes cuál es la verdad de Dios. Lo opuesto de eso es *no* conocer la verdad de Dios y creer cualquier mentira que el enemigo te dice. Por eso es que debes conocer bien la Palabra de Dios.

He aquí algunas cosas para recordar siempre que te ayudarán a aferrarte a Dios y a resistir al enemigo.

Recuerda esto: Dios te ama más de lo que tú sabes y tiene un plan maravilloso para tu vida. Cuando lo sigues por completo y le rindes tu vida, Él te permite llegar a ser todo lo que quiere que seas.

Recuerda esto: El enemigo te odia y desprecia todo lo que Dios quiere hacer en tu vida. También tiene un plan para tu vida, y es controlarte para sus propósitos y destruirte. A través de sus mentiras y engaños, hará todo lo posible para hacer que eso suceda.

Recuerda esto: Dios te ha dado el poder de dominio en la tierra para sus propósitos.

Recuerda esto: El enemigo quiere ese poder para sí mismo y sus propios propósitos.

Recuerda esto: Dios quiere usarte para cumplir su voluntad y para glorificarlo, mientras te bendice al mismo tiempo.

Recuerda esto: El enemigo quiere usar tu vida para gloriarse a sí mismo y destruirte en el proceso.

Recuerda esto: Dios te ha dado libre albedrío y espera cada día que lo invites a obrar de manera poderosa en tu vida.

Recuerda esto: El enemigo no espera a que lo inviten. Obrará en tu vida a menos que se le detenga. Quiere que rechaces a Dios y, en cambio, te pongas a su disposición.

Recuerda esto: Es imposible que Dios mienta. Dios solo dice la verdad, y Él nos da su Palabra en eso.

Recuerda esto: El enemigo es el padre de toda mentira. Controla a la gente seduciéndola para que crea las mentiras que le dice.

Ten presente que el enemigo siempre está planificando el mal. Lo único que lo detiene son los poderes de los santos, los guerreros de oración. No permitas que este aspecto sea impreciso para ti. Podemos orar en cualquier momento, de día o de noche, donde sea que estemos, y eso es lo que debemos hacer sin previo aviso cuando el Espíritu Santo nos impulsa a hacerlo. No podemos pasar por alto esos impulsos.

Ten presente que debemos tener tiempo a solas con Dios para darle a conocer nuestro corazón y escucharlo cuando Él nos da a conocer *su* corazón a *nosotros*. Nuestro tiempo a solas con Dios es cuando el Espíritu Santo nos llena y capacita de nuevo, así como lo hizo con Jesús. Es cuando nuestra mente y alma se renuevan y fortalecen. Es cuando recibimos mayor claridad y podemos recibir la guía, discernimiento, sabiduría y revelación que necesitamos.

Ten presente que los creyentes en todas partes experimentan lo mismo que experimentamos *nosotros*. La Palabra de Dios dice del enemigo que debemos resistirlo «firmes en la fe, sabiendo que sus hermanos en todo el mundo están soportando la misma clase de sufrimientos» (1 Pedro 5:9, NVI®). No estamos solos en lo que enfrentamos.

Ten presente que no importa lo fuerte que sea el enemigo. Dios es mayor. El poder del Espíritu de Dios en nosotros es mucho más fuerte que el del enemigo.

Ten presente que *resistimos* al enemigo cada vez que oramos. Cuando permanecemos firmes al someternos a Dios, el enemigo debe huir de nosotros. Por eso es que siempre debemos estar listos para hacer la batalla con el enemigo en oración. Debemos recordar que no vamos a entrar al territorio que posee el enemigo. Vamos a recuperar el territorio que nos robó el enemigo.

Oración para el guerrero de oración

Señor, ayúdame a someterme a ti de cualquier manera posible. Revélame cualquier lugar en mi vida en el que no lo haga. No quiero buscar jamás amistad con el mundo porque valoro la amistad contigo por encima de cualquier cosa. Revélame cualquier orgullo en mí, a fin de que pueda arrepentirme de eso. Haz que ese reconocimiento ocasione en mi alma el lamento y la tristeza que debería ocasionar. Rechazo todo orgullo y rebelión en mí en contra de ti y reconozco que son características del enemigo. No quiero estar nunca en contra de tu voluntad y cooperar con el enemigo de cualquier manera. Quiero resistirlo de cualquier manera posible para que tú no me resistas.

Ayúdame a aborrecer «lo malo» y aferrarme a «lo bueno» (Romanos 12:9). Ayúdame a no resistirte ni a darle «lugar al diablo» (Efesios 4:27). Llegué a ser tuyo el día que te recibí en mi vida como Señor y, por lo tanto, el enemigo no me puede controlar de ninguna manera.

Ayúdame a resistir todas las mentiras del enemigo y a no permitir que me convenza de cualquier manera de que no estoy calificado para ser el guerrero de oración que me llamaste a ser. No le permitiré que me amenace con mi pasado, ni que me haga estar descontento con la situación en la que estoy ahora y con lo que no he hecho todavía. Permíteme resistir al enemigo de cualquier manera posible, a fin de que pueda huir de mí. No permitas que sea «vencido de lo malo», sino ayúdame a vencer «con el bien el mal» (Romanos 12:21). Tú eres la roca en la que estoy de pie, y no seré conmovido. Gracias, Jesús, porque entregaste tu vida por mí y por medio de ti soy más que vencedor.

Señor, ayúdame a ser el guerrero de oración más eficaz posible. Enséñame a entender la autoridad que me has dado en oración. Permíteme usar esa autoridad para derribar fortalezas que el enemigo intentaría establecer en mi vida y en la vida de las personas que has puesto en mi corazón. No quiero que mis oraciones sean obstaculizadas ni debilitadas de ninguna manera. Revélame lo que necesito hacer, para que mis oraciones tengan el mayor impacto.

Te lo pido en el nombre de Jesús.

Tú, SEÑOR, mantienes mi lámpara encendida; tú, Dios mío, iluminas mis tinieblas. Con tu apoyo me lanzaré contra un ejército; contigo, Dios mío, podré asaltar murallas. El camino de Dios es perfecto; la palabra del SEÑOR es intachable. Escudo es Dios a los que en él se refugian.

SALMO 18:28-30, NVI®

11

Observa lo que sucede desde
la perspectiva de Dios

Hace algunos años, tuve un grupo de intercesoras increíblemente dedicadas que se reunían en mi casa. Éramos seis, incluyéndome a mí, las que nos reuníamos con fidelidad cada martes por la mañana. Todas eran fuertes creyentes de gran fe, sólidas guerreras de oración, que establecieron límites en el reino espiritual que no atravesaría el enemigo. No solo orábamos por nuestras familias, sino también por situaciones en las que sabíamos que necesitábamos la penetración del reino y del poder de Dios en ellas. Habíamos visto tales respuestas a la oración que la única explicación posible para ellas era que Dios había hecho algo milagroso. Orábamos de tres a cuatro horas cada vez que nos reuníamos. Lo hacíamos en serio. Eso se debía a que estábamos en los negocios de la familia; es decir, en los negocios de nuestro Padre celestial. Sabíamos a dónde nos llamaban. Y nos guiaban.

Un martes por la mañana en particular, solo estábamos orando tres de nosotras. Dos integrantes estaban fuera de la ciudad y una estaba muy enferma con una infección pulmonar, pues dos días antes la ingresaron al hospital y todavía estaba en cuidados intensivos. Cuando llamé al hospital para averiguar acerca de Roz esa mañana antes de la reunión de oración, ella se oía terrible. La congestión en su sistema respiratorio había invadido tanto sus pulmones que ni siquiera reconocí su voz. Casi no podía hablar y se oía como si apenas pudiera respirar también. Dijo que estaba empeorando, no había mejorado.

Le dije a Suzy y a Jan, las otras dos mujeres que estaban en la reunión, lo que dijo Roz. Leí la Palabra de Dios y tuvimos un tiempo de adoración, como siempre lo hacíamos al principio de cada reunión de oración. Oramos de inmediato por Roz y le pedimos a Dios que nos ayudara a ver lo que ocurría desde su perspectiva. ¿Estaba en camino a su recuperación o en realidad estaba empeorando? Oramos por un rato, pero ninguna de nosotras se sintió liberada en absoluto para dejar de orar por ella. Percibí del Señor que, en realidad, teníamos que ir al hospital y orar allí por ella. Las otras dos guerreras de oración accedieron en seguida.

En el hospital, cuando ya estábamos en la habitación de Roz, percibimos al instante que nos enfrentábamos a una enorme batalla en el reino espiritual. Sin perder tiempo, comenzamos a adorar a Dios y a agradecerle a Jesús por ser nuestro sanador. Oramos por sanidad, pero todas tuvimos una visión de que eso era más que solo una enfermedad. Pudo haber comenzado como una enfermedad o un desequilibrio en su cuerpo, pero el enemigo lo había llevado a otro nivel. No digo que ella no hubiera estado enferma, sino que el enemigo no solo estaba evitando que mejorara, sino que empeorara. No digo que debemos echarle la culpa por todo al enemigo, pero siempre debemos pedirle a Dios que nos muestre lo que pasa desde su perspectiva, de modo que sepamos cómo orar. Oramos para que ninguna arma del enemigo forjada contra Roz prosperara de algún modo. (De nuevo está ese grandioso pasaje bíblico: Isaías 54:17).

Cuando comenzamos a orar por Roz, ella estaba muy débil, se esforzaba por respirar y apenas podía hablar más allá de un susurro. Sin embargo, a medida que seguíamos orando, más daba muestras de fortaleza renovada justo delante de nuestros ojos. Mientras orábamos, me sentí fuertemente guiada a sacar los numerosos arreglos florales de su habitación y los puse en un pasillo afuera de su puerta. Seguimos orando como por veinte minutos, aunque las enfermeras llegaban a la habitación para ver cómo estaba Roz. Parecía que consideraban que era bueno lo que estábamos haciendo. Al final de nuestro tiempo de oración, ella mostró una mejoría notable. Su fortaleza se había reanimado, respiraba con normalidad y su expresión había cambiado de forma notable. Se puso más animada y hablaba de buen grado y con claridad. Describió con energía lo mejor que se sentía. Dijo: «Esto es un milagro». Y todas estuvimos de acuerdo. Cuando nos fuimos, parecía bien por completo. Toda la habitación se sentía distinta. Pensamos que tendría que quedarse por un tiempo en el hospital para asegurarse de que se recuperara y que estuviera fuera de peligro, pero para sorpresa nuestra, la dejaron ir a casa al día siguiente.

Solo unos días después, recibí una carta por correo dirigida a mí, a Suzy y a Jan. Y esta es una de las razones por la que he contado esta historia. He guardado esta carta en mi libro de oración todos estos años; ese es el libro donde escribo todas las peticiones de oración por las que oro, así como las respuestas a la oración. El otro día, mientras escribía este capítulo que estás leyendo, recordé la carta y fui a buscarla. Sabía que nunca la había tirado, pero no la había visto en años y no estaba segura de que todavía estuviera allí. Sin embargo, la encontré en uno de los bolsillos de un lado de ese viejo libro de oración de cuero.

Quisiera que pudieras verla, pues es evidente que esa carta se escribió de forma oficial, como si hubiera llegado de alguna rama del ejército. En cambio, no era así. Por lo menos no es así en *este* mundo. Esto es lo que escribió:

11 de septiembre de 1996

Generala Stormie Omartian
Escuadrón de Oro
Nashville, Tennessee

Querida generala Omartian:

Cuando usted, la almiranta Martínez y la coronela Williamson entraron a la Unidad de Cuidado Intensivo, yo era prisionera y «todo el infierno se desprendió de mí» cuando ustedes oraron. ¡Alabado sea Dios! Sus armas de toque, oración y la Palabra hablada fueron imposibles de derrotar.

Gracias por su obediencia a nuestro Jefe del Estado Mayor de lanzar esa maniobra estratégica y táctica a favor mío. Siempre estaré agradecida por el rescate. Muchas gracias.

En el servicio de Dios, con amor,
Roz Thompson
Soldado del Ejército de Dios

Lo ingenioso de la carta nos hizo reír a todas. Sin embargo, aquí estamos, todas amigas y compañeras guerreras de oración años después. Solo ahora vemos la batalla con mucha más claridad que entonces. Tenemos más conocimiento en cuanto a lo que la Palabra dice acerca de la oposición que enfrentamos. Y sabemos que nunca retrocederemos.

Dios quiere que veamos las cosas desde su perspectiva. Estoy segura de que no quiere que veamos todo lo que ve Él, pero es casi seguro que quiere que veamos más de lo que vemos. Entonces, tenemos que pedirle que nos revele todo lo que tenemos que entender para orar con poder. Cuando Él nos muestra algo que nunca antes hemos visto, puede ser transformador.

Ver las cosas desde la perspectiva de Dios nos ayuda a orar la voluntad de Dios y a entender de mejor manera su tiempo para los acontecimientos. Y cuando nuestras oraciones no reciben la respuesta de acuerdo a lo que esperamos, eso nos ayuda a confiar, sin vacilar, en que Dios sabe lo que está haciendo, mucho mejor de lo que *sabemos* en cuanto a cómo creemos que deben hacerse las cosas.

A Dios se le conoce como el que «da vida a los muertos, *y llama las cosas que no son, como si fuesen*» (Romanos 4:17). ¿No es eso lo mejor? Dios puede dar vida a algo que no existe en ese momento. Por ejemplo, puede darle solución a una situación imposible que ni siquiera podríamos imaginar. Puede darle vida a algo que murió. Puede hacer que el amor que murió entre dos personas vuelva a vivir. Puede tomar las partes rotas de nuestra vida y unirlas. Puede sacar el bien de una situación mala, cuando no parezca posible. Tal vez no seamos capaces de imaginar siquiera cómo lo hará, pero no tenemos que hacerlo. Solo tenemos que confiar en que Él *puede*. *Dale gracias a Dios porque a Él no lo limita lo que pensamos o imaginamos.*

Cuando el enemigo nos ataca y no vemos nada más que desastre en la situación, tenemos que recordar que la solución puede estar mucho más allá de lo que podamos imaginar. Él ha hecho exactamente eso conmigo innumerables veces. Cuando se lo pedimos, Él puede revelarnos cosas por medio de su Espíritu, y el Espíritu lo sabe todo (1 Corintios 2:9-10). Cuando le pedimos al Espíritu Santo que revele lo que Dios quiere hacer en alguna situación, lo hará.

Dios quiere que siempre tengamos en mente la eternidad. Al fin y al cabo, esa es *su* perspectiva y quiere que *nosotros* la veamos. Cuando lo hacemos, nos ayuda a entender «que los sufrimientos de este tiempo presente no son dignos de ser comparados con la gloria que nos ha de ser revelada» (Romanos 8:18, LBLA). Nuestro sufrimiento aquí parece insignificante en comparación con las cosas grandiosas que Él tiene esperándonos. Entender eso cambia nuestra perspectiva de todo.

Por eso es que cuando nuestras oraciones no reciben la respuesta esperada, no podemos cuestionarlo. Siempre debemos tener en mente que Él es Dios y nosotros no. Sin duda alguna, esa es *su* perspectiva y también debe ser la nuestra. Dios no es un genio al que podamos darle órdenes. Ni por asomo.

Así que, aunque oremos por un creyente enfermo, por ejemplo, y esa persona no solo no se recupera sino muere, debemos pedirle a Dios que nos ayude a ver la situación desde su perspectiva. Hay gran consuelo al saber lo que Él ve en cuanto a nuestro futuro eterno. Pídele que te dé un vistazo de tu futuro eterno. Él te dará una visión, sin importar lo corta que sea, y tu vida nunca será la misma.

Está escrito del pueblo de Dios que se rebeló de sus caminos que «Dios les dio espíritu de estupor, ojos con que no vean y oídos con que no oigan, hasta el día de hoy» (Romanos 11:8). De seguro que quien les dio espíritu de estupor, ojos ciegos a la verdad y oídos sordos a su voz, puede *darnos*, a los que tenemos corazones blandos hacia Él y dispuestos a su voz, la capacidad de ver y entender lo que quiere revelarnos.

Jesús ilustró que un líder piadoso es el que ayuda y sirve a los demás. La verdadera calificación para el servicio a Dios es una actitud del corazón que se ve en la acción. Lo último que esperarías de Jesús es que tuviera que lavarles los pies a sus discípulos, pero eso es lo que hizo para enseñarles cómo servir a Dios al servir a otros. Cada vez que ores como guerrero de oración, es como si estuvieras lavándole los pies a Jesús. Te sometes a Él como su siervo y haces lo que más le agrada: servir a otros.

Desde la perspectiva de Dios, podemos ver una segunda oportunidad para la excelencia

Dios es el Dios de las segundas oportunidades. Todos estaríamos muertos si eso no fuera cierto. Si has cometido grandes errores o tomado malas decisiones y sientes que quizá perdieras tu oportunidad de hacer algo grande para Dios, eso no es cierto. Si has estado lejos del buen camino por demasiado tiempo y no crees que alguna vez puedas volver a él en realidad, eso tampoco es cierto. La verdad es que en cuanto vuelves a conectar tu vida al Señor y *vuelves a dedicarla* a su servicio, Él te volverá a dar vida otra vez. Puedes regresar de los problemas.

El rey David, quien se apartó del camino que le tenía Dios, y se metió en tantos pecados y problemas como cualquiera podría hacerlo (con adulterio, engaño y asesinatos en sus registros), dijo: «Tú has hecho grandes cosas; oh Dios, ¿quién como tú? Tú, que me has hecho ver muchas angustias y males, *volverás a darme vida*, y de nuevo me levantarás de los abismos de la tierra. *Aumentarás mi grandeza*, y *volverás a consolarme*» (Salmo 71:19-21).

Si Dios puede hacer eso por su rey escogido, un hombre conforme a su corazón que pecó de manera terrible, puede hacer eso por ti. Muy a menudo nos vemos desde nuestro pasado. Dios nos ve desde nuestro futuro. Nosotros nos vemos como un fracaso. Dios nos ve desde nuestro propósito.

¿No es estimulante saber que sin importar lo profundo que nos hayamos hundido con el peso de nuestras circunstancias podemos volver a surgir? Podemos volver de los problemas. Podemos hacer lo que Dios nos ha llamado a hacer. Podemos tener una segunda oportunidad para la excelencia.

Debemos pedirle a Dios que nos muestre nuestro futuro desde *su* perspectiva y que no tratemos de controlarlo desde la nuestra.

Una de las grandes historias de la Biblia es cómo Abraham viajó con su gran familia y todo su ganado y sus siervos a donde lo guiaba Dios. Cuando la familia de Abraham y la familia de su sobrino Lot crecieron tanto como para estar juntos en el mismo lugar, decidieron separarse e irse por caminos diferentes de modo que la tierra los sustentara. Abraham le dio a Lot la oportunidad de elegir primero su tierra. El problema fue que Lot no oró ni le preguntó a Dios a dónde quería *Él* que fuera. Escogió *lo que parecía ser* la mejor tierra para él y su familia.

La tierra que Lot escogió resultó ser Sodoma, una ciudad que Dios destruyó al final. Cuando eso ocurrió, Lot, su esposa y sus hijas se vieron obligados a huir, y perdieron todo lo que tenían en el proceso. En el camino, la esposa de Lot desobedeció la instrucción que Dios les dio de no volver la vista atrás, y ese paso de desobediencia la destruyó.

En cuanto a tomar los asuntos en sus propias manos, una característica conocida, como es obvio, las hijas de Lot decidieron hacer justo eso. Para salvarse y salvar su descendencia de la extinción, una noche, cuando su padre se quedó inconsciente por tanto vino, se aprovecharon de él. Puedes ver por qué el padre quería beber hasta quedarse en un estado de sopor etílico. Lo había perdido todo, incluso a su esposa, y estaba en una tierra extraña y temía por su vida. Eligió lo que consideró la mejor tierra, y resultó ser una maldición que no le dio nada más que desastres.

Para no hacer muy larga la historia, sino con clemencia más corta, las dos chicas terminaron embarazadas de su padre ebrio. ¿No es asombroso lo que la gente está dispuesta a hacer cuando está desesperada y no busca la dirección de Dios? Como resultado, la hija mayor dio a luz un hijo llamado Moab, que llegó a ser el padre de los moabitas. La hija menor dio a luz un hijo llamado Benammi, que llegó a ser el padre de los amonitas. El origen de los moabitas y los amonitas, enemigos del pueblo de Dios, comenzó con el incesto que cometieron las hijas de Lot para poder tener hijos. No hay límites a lo que la gente puede hacer cuando no busca a Dios. (Lee la historia de Lot en el libro de Génesis, capítulos 13—19).

Abraham, por otro lado, fue al lugar que le dijo Dios que fuera y Él lo bendijo en todos los lugares a los que fue.

En mi propia vida, experimenté algo similar cuando mi esposo quería mudarse de California a Tennessee. Yo no quería irme porque no podía imaginar dejar a mi familia, mis amigos, mi iglesia y el estilo de vida que por lo menos yo entendía. Estuve en contra de eso hasta que ayuné, oré y le pedí a Dios que me mostrara esta decisión desde *su* perspectiva. Él me lo reveló con claridad un día durante un viaje a Tennessee. Vi desde la perspectiva de Dios que debíamos mudarnos. Por lo que volvimos a casa, pusimos nuestra casa en venta, volvimos a Tennessee y compramos una casa antes de que la nuestra se vendiera siquiera; cualquier asesor comercial consideraría esto como algo poco juicioso. Sin embargo, nosotros sabíamos que teníamos que mudarnos lo más pronto posible. Y la razón, siento que me la mostró Dios, era que habría un terremoto y que nuestra casa no saldría librada del mismo.

Así que nos mudamos a Tennessee sin vender la casa de California, algo muy intimidante, y apenas unos meses después nuestra casa se destruyó con el terremoto de Northridge de 1994. Mi familia y yo nos quedamos impactados por lo que podría habernos pasado si nos hubiéramos quedado en California. Nunca hemos olvidado cómo escuchamos a Dios y fuimos bendecidos por eso. Debido a que la casa no se había vendido, perdimos mucho dinero en ella, a pesar de tener seguro contra terremotos, el cual descubrimos que solo pagaba lo que valía la casa en la época del terremoto. (Mi consejo es comprar una buena lupa a fin de leer la letra pequeña antes de firmar cualquier contrato). Sin embargo, estábamos agradecidos por estar vivos y agradecidos de que nos habíamos llevado todos nuestros muebles y posesiones antes de que se destruyeran.

Cuando mis hijos y yo volvimos a Los Ángeles para ver los daños, lloramos al pensar cómo habría sido estar allí a la hora del terremoto. Estábamos agradecidos por lo que hizo Dios. Todos nuestros vecinos y amigos coincidieron en que fue, por mucho, el peor terremoto en el que estuvieran alguna vez, y yo pude ver que era cierto por sus caras y por la forma en que hablaban al respecto. Si no le hubiéramos pedido a Dios que nos diera su perspectiva de la situación, podríamos haber perdido más que posesiones. Pudimos haber perdido nuestras vidas. Y no digo que los que estuvieron en el terremoto no escucharan de Dios. Eso no es cierto en absoluto. Fueron protegidos en el terremoto y sus casas no se destruyeron como la nuestra.

Siempre es mejor tener lo que Dios quiere que tengas que luchar por otra cosa, porque lo que Él te da no trae maldición consigo. Hemos sido bendecidos mucho al vivir en Tennessee, de maneras en que nunca soñamos posibles. Fue la mejor decisión para todos nosotros, pues era la voluntad de Dios y lo escuchamos.

Conozco a un hombre que había estado sin trabajo por algún tiempo y oró por un trabajo. Cuando se le apareció un buen trabajo, lo tomó y se comprometió con esa compañía para hacer el trabajo. Sin embargo, poco después le ofrecieron lo que pensaba que era un trabajo *mejor* en otra compañía. Por lo que dio marcha atrás al compromiso del primer trabajo y aceptó el segundo trabajo a cambio. Unos meses después, se canceló por completo la oferta del segundo trabajo que aceptó y el primer trabajo que dejó ya tenía otra persona. Terminó perdiendo ambos trabajos porque no buscó la dirección del Espíritu Santo para hacer lo que debía. No mantuvo su compromiso con la oferta del primer trabajo, que era una respuesta a sus oraciones. Y no oró por la segunda oferta de trabajo.

Solo lo aceptó sin cuestionarlo. El primer trabajo que dejó resultó ser con una compañía que llegó a tener mucho éxito. El hombre que ocupó su lugar en ese trabajo tuvo un éxito enorme.

Cuando seguimos la dirección del Espíritu Santo, terminamos en un lugar de seguridad y bendición. Cuando insistimos en nuestro propio camino (un estilo de vida oportunista que nos hace tomar lo que parece ser la mejor oportunidad que percibimos para nosotros en lugar de lo que Dios nos guía hacer), no llegamos a experimentar lo mejor de Dios. Debemos ser capaces de ver las cosas desde la perspectiva de Dios. Y se requiere que le pidamos a Él que nos muestre la verdad de una situación desde su punto de vista.

Desde la perspectiva de Dios, vemos la importancia de nuestras oraciones

Jesús dijo: «A menos que nazcas de nuevo, no puedes ver el reino de Dios» (Juan 3:3, NTV). Ese es el comienzo de ver las cosas desde la perspectiva de Dios. Si no nacemos de nuevo, no nos aferramos a su Palabra, ni seguimos la dirección del Espíritu Santo en nosotros, no podemos entender cómo avanzar el reino de Dios en la tierra en oración.

Una de las cosas que vemos en la Palabra de Dios es que cosechamos lo que sembramos. Esta es una ley del universo. La única forma en que esto no es cierto es cuando confesamos y nos arrepentimos de las cosas malas que hemos sembrado. Incluso entonces, a veces tenemos que cosechar la mala cosecha antes de cosechar la nueva cosecha que se plantó con semillas buenas. Podemos apelar a la gracia de Dios para que no recibamos lo que merecemos, pero eso no se puede manipular. El que decide es Dios.

La Biblia dice: «No se engañen. *Dios no puede ser burlado. Todo lo que el hombre siembre, eso también cosechará.* El que siembra para sí mismo, de sí mismo cosechará corrupción; pero el que siembra para el Espíritu, del Espíritu cosechará vida eterna» (Gálatas 6:7-8, RVC). Cuando oramos por personas o situaciones, tenemos que tener en cuenta que el problema actual de sus vidas quizá se deba a lo que sembraron en la carne. Si están sufriendo las consecuencias de eso, debes orar para que sus ojos se abran para ver la perspectiva de Dios. No puedes orar para que Dios arregle algo que no se puede arreglar sin que sus ojos se abran a la verdad. Tienen que ver su necesidad de arrepentimiento a fin de que puedan recibir el perdón del Señor. No se nos permite obviar ese hecho.

Lo cierto es que cosechamos lo que sembramos en oración, así como en cualquier otra cosa que hacemos en la vida. Cuando plantamos semillas de oración, no podemos poner a Dios en nuestro calendario para cosechar. Solo debemos depender de la promesa de Dios de que *cosecharemos* lo que hemos sembrado.

Niégate a desanimarte cuando no veas los resultados que quieres de inmediato. Estás en el calendario *de Dios*; Él no está en el tuyo. Te garantiza que tendrás una cosecha. No dijo con exactitud cuánto tiempo tardaría. Si continuamos con una gran fe y nos pasamos la vida sembrando semillas en oración, podemos estar seguros de que tendremos la cosecha de acuerdo a lo que hemos sembrado.

En ciertos casos, es posible que no veamos la cosecha de las semillas de oración que hemos plantado durante nuestra vida, pero debido a que nuestras oraciones no mueren, su efecto continuará después que nos hayamos ido con el Señor. ¿Te acuerdas de esas copas en el cielo que mencioné que contienen las oraciones de los santos? Eso significa que nuestras oraciones no solo llegan apenas al techo antes de evaporarse. Dios no solo escucha esas oraciones, sino que las guarda para que sigan teniendo efecto. No hay un temporizador en nuestras oraciones que las haga perder su efecto después de cierto tiempo. ¿Te imaginas oír una voz del cielo diciendo: «¡Bip! Tus oraciones por tus relaciones en el trabajo expiraron»?

Cada vez que oras se planta una semilla. La Biblia dice en respuesta a la siembra y la cosecha: «*No nos cansemos, pues, de hacer bien*; porque a su tiempo segaremos, si no desmayamos. Así que, según tengamos oportunidad, hagamos bien a todos, y mayormente a los de la familia de la fe» (Gálatas 6:9-10). Una de las cosas buenas que podemos hacer es orar.

Cuando ves las cosas desde la perspectiva de Dios, tu vida como guerrero de oración nunca será un trabajo pesado. Verás que el Espíritu Santo te llama y te capacita. A medida que invitas al Espíritu Santo a que te guíe, tus oraciones siempre serán vivas. Tu vida de oración seguirá siendo emocionante mientras sientes su presencia que te guía. Y te sorprenderás de cuán a menudo Dios pondrá lo mismo en los corazones de distintas personas y serán un equipo creado por Él. No obstante, una vez dicho esto, si hay veces en que sientes que eres la única persona que ora por alguna situación urgente en particular, porque te preocupa que pudieras ser la única que escucha su voz en cuanto a cierto asunto, pídele a Dios que despierte a otros guerreros de oración para que se te unan. Sé que Él lo hace. He escuchado testimonios en ese aspecto. Dios también me ha despertado con alguna carga que ha puesto en mi corazón, solo para darme cuenta después que otros tuvieron la misma experiencia.

¿Te acuerdas de la analogía sobre el fútbol del capítulo 4? Esa es una manera de ver las cosas desde la perspectiva de Dios cuando oras. Saltas a una situación en oración y Dios te muestra cómo llevarla en dirección opuesta de la dirección a la que se dirige. Podemos hacer eso por otras personas. Podemos hacerlo unos por otros. Podemos hacerlo por nosotros mismos. Cuando una situación o persona van en dirección opuesta, es decir, en contra de la voluntad de Dios, Él te enseñará a orar y a llevarlo en la dirección de la victoria para la gloria de Dios.

Eso es trabajo en equipo. Podrías estar solo en una habitación cuando oras, pero hay innumerables miembros en el equipo de guerreros de oración que trabajan juntos para evitar que el enemigo logre su meta.

Tenemos que orar a fin de que podamos entender el propósito de Dios para nosotros en todo lo que hacemos, incluso en la oración. Ora para que Dios te dé comprensión de su Palabra cada vez que la leas. Ora para que el Espíritu Santo ilumine a cada instante tu entendimiento. Pídele a Dios que te ayude a entender su llamado en tu vida y que te dé una visión de lo que Él quiere hacer. Lo necesitas. Si no le pides a Dios que te ayude a ver las cosas desde *su* perspectiva, habrá veces en las que no entiendas cómo orar en absoluto.

Desde la perspectiva de Dios, entendemos los últimos días

¿Cómo van a ser los últimos días? Analiza si la carta de Pablo a Timoteo describe algo que te parezca conocido de alguna manera. Dijo: «En los últimos días vendrán tiempos difíciles. Porque los hombres serán amadores de sí mismos, avaros, jactanciosos, soberbios, blasfemos, desobedientes a los padres, ingratos, irreverentes, sin amor, implacables, calumniadores, desenfrenados, salvajes, aborrecedores de lo bueno, traidores, impetuosos, envanecidos, amadores de los placeres en vez de amadores de Dios; teniendo apariencia de piedad, pero habiendo negado su poder; a los tales evita» (2 Timoteo 3:1-5, LBLA). ¿Podemos dudar desde esta perspectiva que estamos en los últimos días?

Sigue diciendo que algunas personas están «siempre aprendiendo, pero que nunca pueden llegar al pleno conocimiento de la verdad» (2 Timoteo 3:7, LBLA). Esta gente aparenta ser cristiana, pero niega al Espíritu Santo, el poder de Dios, que *mora* en nosotros, nos *transforma* y *obra* a través de nosotros. Negarán que Jesús resucitó. Negarán la Biblia como la Palabra inspirada de Dios. La semana pasada escuché todo esto en un noticiero.

Pablo dijo que en los últimos días la gente se alejará de la verdad. «No soportarán la sana doctrina, sino que aun teniendo comezón de oír se amontonarán maestros conforme a sus propios malos deseos» (2 Timoteo 4:3, RVC). Cuando ves que esta clase de iniquidad florece a tu alrededor, tienes que saber que se predijo.

Sin embargo, solo porque la Biblia predijo que los días serán malos y que la gente hará cosas terribles no significa que no debamos orar por eso. Debemos seguir orando por nuestros hijos, por nuestros familiares y por la gente que Dios ponga en nuestro corazón. Debemos orar más que nunca para que los creyentes tengan protección y no los arrastren esas cosas terribles.

Debes seguir orando siempre a medida que Dios te guía para que puedas decir como Pablo le dijo a Timoteo: «*He peleado la buena batalla, he acabado la carrera, he guardado la fe.* Por lo demás, me está guardada la corona de justicia, la cual me dará el Señor, juez justo, en aquel día; y no sólo a mí, sino también a todos los que aman su venida» (2 Timoteo 4:7-8). Un guerrero de oración siempre pelea la buena batalla en oración.

Aun cuando los tiempos se ponen feos o difíciles, recuerda que tienes una «corona de justicia» guardada en el cielo. Gracias a Jesús, eres perdonado por completo y se te imparte su justicia. El enemigo quedó derrotado cuando Jesús resucitó de los muertos, porque la muerte y el infierno no pudieron contenerlo.

Pídele a Dios que te revele la verdad en cuanto a lo que pasa en el mundo. No solo leas el periódico o veas los noticieros de la noche en la televisión que solo te dicen lo que *ellos* quieren que sepas. De *nada* de eso obtienes el cuadro completo. Dios es el único que puede mostrarte todo el cuadro, debido a que solo puede verse con precisión desde *su* perspectiva. Él conoce el inicio y el final, así como todo lo que hay en el medio.

La historia más grandiosa de la Biblia en cuanto a ver las cosas desde la perspectiva de Dios es la del profeta Eliseo y su siervo durante la guerra entre Israel y Siria. Eliseo había asesorado proféticamente al rey de Israel en cuanto a evitar las trampas que los sirios les habían puesto. Cuando el ejército sirio averiguó que Eliseo era el que le hablaba al rey de Israel acerca de sus planes secretos, pues Dios se los había revelado, el ejército sirio rodeó la ciudad donde estaba Eliseo con el propósito de capturarlo.

Cuando el siervo se levantó una mañana y vio que el ejército sirio rodeaba la ciudad, le preguntó desesperado a Eliseo qué debían hacer. Eliseo estaba tranquilo en medio del sitio porque podía ver lo que ocurría desde la perspectiva de Dios. El siervo estaba asustado porque no podía verlo.

Eliseo le respondió a su siervo con estas palabras que ahora son famosas: «*No tengas miedo, porque más son los que están con nosotros que los que están con ellos*» (2 Reyes 6:16). Eliseo oró y dijo: «Oh Señor, te ruego que abras sus ojos para que vea. Y el Señor abrió los ojos del criado, y miró, y he aquí que *el monte estaba lleno de caballos y carros de fuego alrededor de Eliseo*» (2 Reyes 6:16-17, LBLA). Cuando los ojos del siervo se abrieron y vio lo que ocurría en el reino espiritual, todo cambió para él.

Cada uno de nosotros necesita esa visión del Señor. Necesitamos verla en su Palabra, porque eso nos fortalece y nos da valor, pero también hay tiempos específicos en los que necesitamos revelación especial de Dios. Eso puede ser determinante. Cuando estás en una batalla intensa en oración, pídele a Dios que te muestre lo que sucede desde su perspectiva. Tener una perspectiva clara del Señor te permite ver con qué estás lidiando y cómo quiere Dios que ores.

Ora para que tus ojos se abran a la verdad en *cada* situación y que te revele las estrategias del enemigo. Ora para que puedas ver en el reino espiritual invisible. Queremos que nuestros ojos espirituales se abran cuando oramos por personas o situaciones. Necesitamos saber cuándo sucede algo malo, si es un ataque del enemigo o el resultado de semillas corruptas que se sembraron en la carne.

Cuando el siervo de Eliseo vio que los montes que lo rodeaban estaban llenos de caballos y carros de fuego, comprendió que no estaban solos porque los ángeles del ejército espiritual de Dios estaban allí para protegerlos.

El ejército de ángeles de Dios nos protege también.

Un ángel liberó a Pedro de la cárcel (Hechos 12). Un ángel le dijo a Pablo que se respondieron sus oraciones por la seguridad de su tripulación en la tormenta cuando iba en un barco (Hechos 27:21-26). Los ángeles ofrecen las oraciones de los creyentes como tú y yo. «Otro ángel vino y se paró ante el altar con un incensario de oro, y se le dio mucho incienso para que *lo añadiera a las oraciones de todos los santos* sobre el altar de oro que estaba delante del trono. Y de la mano del ángel subió ante Dios el humo del incienso *con las oraciones de los santos*» (Apocalipsis 8:3-4, LBLA).

¿No te encanta eso?

Jesús manda tanto al ejército de ángeles en el cielo como al ejército de creyentes en la tierra, y los coordina para que el ejército celestial ayude al ejército terrenal. «¿A cuál de los ángeles dijo Dios jamás: Siéntate a mi diestra, hasta que ponga a tus enemigos por estrado de tus pies? ¿No son todos *espíritus ministradores, enviados para servicio a favor de los que serán herederos de la salvación?*» (Hebreos 1:13-14).

Cuando los guerreros de oración oramos, los ángeles nos ayudan en nuestra batalla en contra del enemigo. Jesús dijo: «¿Acaso piensas que no puedo ahora orar a mi Padre, y que él no me daría más de *doce legiones de ángeles?*» (Mateo 26:53).

No debemos temer que Dios nos dejara aquí peleando solos. Nada podría estar más lejos de la verdad.

Desde la perspectiva de Dios, vemos las cosas adecuadas que tenemos que hacer

Noé escuchó a Dios y le guiaron a hacer algo que no tenía sentido desde una perspectiva terrenal. «Noé, cuando fue advertido por Dios acerca de cosas que aún no se veían, con temor preparó el arca en que su casa se salvase; y por esa fe condenó al mundo, y fue hecho heredero de la justicia que viene por la fe» (Hebreos 11:7). La pura evidencia de la fe de Noé y la perspectiva divina eran que, cuando él construyó el arca (una embarcación gigantesca), no había en ninguna parte algún cuerpo de agua. Ver desde la perspectiva de Dios lo ayudó a hacer lo que tenía que hacer. Y, como resultado, salvó su vida junto con la vida de su familia y muchos animales.

Cuando Jesús habló con sus discípulos acerca de lo que se avecinaba, les dijo: «Los entregarán a tribulación, y los matarán, y serán odiados de todas las naciones por causa de mi nombre» (Mateo 24:9, NBLH). Debe haber sido aterrador escuchar eso, pero debe haberlos ayudado también a soportarlo cuando vieron que iba a suceder. Los estimuló a hacer lo que tenían que hacer.

Aquí es a donde se dirige el mundo en este momento. A los cristianos los persiguieron en el pasado, desde la crucifixión de Jesús, y ahora se pondrá peor. Hacia cada lado que mires, a Jesús se le hace a un lado y su pueblo recibe burlas y persecución.

Reconoce los tiempos en que estamos. Considera lo que está pasando en tu país. Escucha a los *vigilantes de tus muros*, hombres y mujeres piadosos que ven lo que ocurre en nuestro país y en otros países, y que oran de acuerdo a eso. El enemigo gana muchas batallas cada día y cada noche, y no podemos quedarnos sentados y ver que ocurra. Solo Dios sabe cuándo volverá Jesús por su pueblo. Y Él nos dice que permanezcamos firmes hasta el fin. No conoces la magnitud de lo que Dios hará como respuesta a tus oraciones. Se pueden salvar vidas en todas partes y de cualquier manera posible.

Pídele a Dios su perspectiva cuando estés orando por otros. ¿Cómo quiere que ores? ¿De qué manera te guía el Espíritu Santo?

Jeremías le pidió a Dios entendimiento en cuanto a una situación. El territorio que Israel estaba a punto de poseer estaba aún en manos del enemigo. Jeremías alabó a Dios y dijo: «¡Ah, Señor mi Dios! Tú, con tu gran fuerza y tu brazo poderoso, has hecho los cielos y la tierra. *Para ti no hay nada imposible*» (Jeremías 32:17, NVI®).

Dios le dijo a Jeremías que si clamaba a Él, le enseñaría cosas que no conocería de otra manera (Jeremías 33:3). Dios nos dice lo mismo ahora. Podemos clamar a Dios y pedirle que nos muestre las cosas desde su perspectiva, y Él nos mostrará cosas que no sería posible que conociéramos sin su revelación. Sin duda alguna, debemos tener esa clase de conocimiento para ser victoriosos en nuestra guerra espiritual y en nuestra vida. No podemos orar de manera tan poderosa y eficaz como tenemos que hacerlo sin tener la revelación del Señor.

Tus oraciones pueden abrir puertas para la salvación de alguien en el reino de Dios por la eternidad. Tus oraciones pueden salvar a innumerables personas del sufrimiento y de los desastres, incluyéndote a ti y a tus seres amados. Tus oraciones pueden salvar vidas que se destruirían de otra manera, o evitar que sucedan cosas terribles que ha planificado el enemigo. Si pudieras prevenir a gente buena de una muerte horrible, ¿no orarías si supieras que eso la salvaría? Por supuesto que lo harías. No habrías leído hasta aquí si no creyeras que la oración puede marcar la diferencia; y, *tus* oraciones, de manera específica, pueden ser determinantes en este mundo.

Tus oraciones son vitales. Cada oración puede salvar una vida, cambiar una vida, perdonar una vida o redimir una vida.

Debemos tener la perspectiva de que nuestro caminar con Dios en la tierra es como una carrera, y que debemos despojarnos «de todo peso y del pecado que nos asedia, y corramos con paciencia la carrera que tenemos por delante, *puestos los ojos en Jesús, el autor y consumador de la fe*, el cual por el gozo puesto delante de él sufrió la cruz, menospreciando el oprobio, y se sentó a la diestra del trono de Dios» (Hebreos 12:1-2). Debemos pensar en lo que Jesús soportó por nosotros, a fin de que nuestra alma no se canse ni se desanime por nuestras batallas que soportamos por Él aquí en la tierra.

Cuando Dios se llevó al apóstol Juan al cielo para que viera las cosas desde su perspectiva, Juan lo describió diciendo: «Y oí una gran voz en el cielo, que decía: Ahora ha venido la salvación, el poder y el reino de nuestro Dios y la autoridad de su Cristo, porque el acusador de nuestros hermanos, *el que los acusa delante de nuestro Dios día y noche, ha sido arrojado. Ellos lo vencieron por medio de la sangre del Cordero y por la palabra del testimonio de ellos*, y no amaron sus vidas, llegando hasta sufrir la muerte» (Apocalipsis 12:10-11, LBLA). Esa perspectiva cambió todo para Juan, y debería cambiarlo para nosotros también.

Jesús *nos llamó* «de las tinieblas a su luz admirable» (1 Pedro 2:9, NVI®). Tenemos que *andar como es digno de la vocación con que fuimos llamados* (Efesios 4:1). Se nos ha apartado para un servicio especial al Señor y recibiremos las bendiciones especiales y el favor de Dios. Debemos *crecer en pureza* (Efesios 4:17-31) y en *perdón* (Efesios 4:32). Debemos *andar en la plenitud del Espíritu Santo* (Efesios 5:1-21). Estamos *capacitados* porque Él nos capacita (Efesios 4:11-16, NVI®).

Dios nos llamó de las tinieblas a su perfecta luz porque somos su *pueblo especial, creado con el propósito de proclamar su alabanza.* A los creyentes se nos considera santos. Esto significa que nuestra autoridad como creyentes corresponde a nuestro caminar en pureza, como pueblo especial que proclama sus alabanzas y lo adora. La adoración es necesaria por completo para ver el avance del reino de Dios en la tierra.

Israel pudo hacer la batalla solo a través de la purificación de sí mismos y al emprender la batalla en adoración. Para nosotros es lo mismo ahora. Solo haremos cosas grandes para Dios y tomaremos territorios para su reino cuando crecemos en adoración humilde y sincera a Él, y vivimos a su manera. Y esa es la única forma en que podemos ver las cosas desde la perspectiva de Dios.

Dios quiere que caminemos con Él de cerca en oración. Quiere que lo adoremos y que alabemos su nombre. Somos real sacerdocio, lo cual significa que somos reyes y sacerdotes (Apocalipsis 1:5-6). Y no solo caminamos con Dios en su «luz admirable», sino que vamos a la guerra con Él y por Él en contra de las fuerzas de las tinieblas. Los creyentes somos una nación santa, formada por cada nación y raza de todos los que creen en Jesús. Somos el «pueblo que pertenece a Dios», somos los que Él «llamó» para que proclamemos sus obras maravillosas en cualquier parte que estemos y en cualquier lugar al que vayamos. Es un honor y un privilegio.

Dios ve todo lo que haces. Ve cómo oras. Ve cómo es tu corazón por Él y por los demás. «*Dios no es injusto como para olvidarse de las obras y del amor* que, para su gloria, ustedes han mostrado sirviendo a los santos, como lo siguen haciendo» (Hebreos 6:10, NVI®). No podemos desanimarnos debido a que veamos las cosas horribles que pasarán en los últimos días. Debemos seguir orando como fieles guerreros de oración del ejército de Dios. «*Deseamos que cada uno de ustedes muestre el mismo entusiasmo hasta el fin*, para la plena realización de su esperanza y para que no se hagan perezosos, sino que sigan el ejemplo de quienes por medio de la fe y la paciencia heredan las promesas» (Hebreos 6:11-12, RVC). «¡Pero gracias sean dadas a Dios, de que nos da la victoria por medio de nuestro Señor Jesucristo!» (1 Corintios 15:57).

Jesús conoce al enemigo. Él entiende la batalla. Debido a que Él venció, nosotros también venceremos.

Oración para el
guerrero de oración

Señor, ayúdame a dejar de lado cualquier preocupación y carga en mi corazón, y a rechazar toda tentación de apartarme lo que me llamaste a hacer, a fin de que pueda correr la carrera que me has puesto delante. Mantén mis ojos enfocados siempre en ti. Gracias porque me salvaste y me estás perfeccionando por el poder de tu Espíritu. Te invito a que me guíes cada día, de modo que pueda permanecer en el camino que tienes para mí. Ayúdame a ser un soldado bueno y fiel en tu ejército de santos que batallan en oración cada día, y que empuñe la espada del Espíritu, tu Espada, como arma en contra de todos los planes del enemigo.

Al igual que soportaste la cruz y el sufrimiento que le acompañaron, debido a que viste la gloria y el gozo que se pusieron ante ti a la diestra de tu Padre Dios, ayúdame a soportar lo que debo soportar por el gozo que está puesto delante de mí, sabiendo que derrotaste al enemigo y que pasaré la eternidad contigo. Gracias por el gozo de saber que ganamos porque conquistaste la muerte y derrotaste el infierno.

Señor, te doy gracias porque eres el Dios de las segundas oportunidades, y tú me has dado una segunda oportunidad para hacer algo grande por ti. No importa lo que hiciera ni lo que sucediera en mi pasado, tú me seguirás usando para tus propósitos porque he comprometido mi vida contigo en todo sentido. Gracias por proveer una manera para salir de los problemas. Vuelvo a someter mi vida a ti. Ayúdame para que nunca más tome las cosas en mis propias manos, sino a que busque tu dirección.

Permíteme ver las cosas desde tu perspectiva, de modo que siempre sepa cómo orar y cuáles son las cosas adecuadas que debo hacer. Ayúdame también a ver esta época del mundo, que a la luz de tu Palabra parece acercarse a los últimos días, para que sepa cómo orar. No quiero ser jamás una de esas personas que están «siempre aprendiendo, pero que nunca pueden llegar al pleno conocimiento de la verdad» (2 Timoteo 3:7, LBLA). No quiero negar jamás el poder de tu Espíritu Santo en mí, como dice tu Palabra que muchos lo harán en los últimos días. No permitas que me aleje de la verdad (2 Timoteo 4:3). Quiero ser capaz de decir que «he peleado la buena batalla, he acabado la carrera, he guardado la fe», y que ahora «me está guardada la corona de justicia» que me darás a mí y a todos los que te aman en aquel día final cuando nos vayamos contigo (2 Timoteo 4:7-8).

Por ti, Señor, puedo gloriarme «en las tribulaciones, sabiendo que la tribulación produce paciencia; y la paciencia, prueba; y la prueba, esperanza» (Romanos 5:3-4). Y sé que nunca me decepcionaré al poner mi esperanza en ti, porque tu amor se ha derramado en mi corazón por el Espíritu Santo en mí, que es la garantía de mi gran futuro contigo (Romanos 5:3-5).

Te lo pido en el nombre de Jesús.

Clama a mí, y yo te responderé,
y te enseñaré cosas grandes y
ocultas que tú no conoces.

JEREMÍAS 33:3

Oraciones poderosas para la guerra espiritual

1. Oración por una cobertura de protección
2. Oración por liberación del mal
3. Oración por sanidad
4. Oración por dirección y discernimiento personal
5. Oración por provisión
6. Oración por victoria sobre el ataque del enemigo
7. Oración por los corazones de los niños
8. Oración por un lugar seguro y un fin a la violencia
9. Oración por el fin de la confusión
10. Oración por liberación del hostigamiento del enemigo
11. Oración por tus líderes
12. Oración para que otros sean salvos
13. Oración por la unidad racial
14. Oración por la exaltación de Dios
15. Oración por los que sufren persecución
16. Oración por un corazón limpio y un espíritu humilde
17. Oración por fortaleza en la batalla
18. Oración por paz en las relaciones
19. Oración por liberación y libertad
20. Oración por las situaciones serias del mundo

HAZ LAS ORACIONES QUE DEBE
SABER CADA GUERRERO DE ORACIÓN

L a lectura acerca de la oración es buena. Hablar de la oración es grandioso. Sin embargo, nada de eso logra algo si en realidad no oramos. Tenemos que orar todos los días por lo que tenga que cubrirse. Y debido a que la fuente de todo nuestro poder en la oración es el Señor, si no pasamos tiempo con Él en oración, perdemos poder. No podemos darnos el lujo de perder poder con el enemigo tan tremendo que se opone a todo lo que Dios quiere hacer *en* nosotros, *a través* de nosotros y *alrededor* de nosotros.

Los once capítulos anteriores tratan de cómo *llegar a ser* un guerrero de oración fuerte. En este último capítulo, proveo oraciones importantes que debe saber cada guerrero de oración. Estas esferas enfocadas en la oración son importantes para tu vida, para las vidas de las personas por las que oras y para avanzar el reino de Dios en la tierra. Aun así, eso no significa que tengas que hacerlas todas a diario. En absoluto. Podrías escoger una al día o a la semana. Haz estas oraciones según te sientas guiado por el Espíritu Santo. Él te mostrará por qué orar cuando se lo pidas.

Cada oración está escrita de manera que puedas hacerla para ti mismo, para otra persona o para algunas personas. Solo inserta el nombre apropiado en el espacio provisto y elige los pronombres apropiados. En cada oración, la espada del Espíritu es prominente para dar la protección y el poder máximos. Eso te ayuda a resistir la invasión del enemigo en *tu* vida y en la vida de *otros*. Cada oración influirá en las personas y en las situaciones que te rodean para el bien supremo, evitará que los planes del enemigo tengan éxito, te ayudarán a ti y a otros a permanecer firmes en la batalla cuando las cosas se agiten a tu alrededor y lograrán la voluntad de Dios. Ese no es un mal cambio por tan poca inversión de tiempo.

Las veinte esferas importantes enfocadas en la oración que se incluyen aquí son las mismas donde es más posible que el enemigo nos ataque a nosotros y a otras personas. Sin duda, pensarás en más, así que mientras oras, ten un bloc de papel y una pluma a tu lado para escribir lo que Dios le hable a tu corazón. No tiene que ser algo complicado. Solo un simple recordatorio de cómo el Espíritu Santo hace énfasis en lo que debes orar. No tienes que orar por todo a diario. Eso sería demasiado, y no es una carga que Dios te haya dado. Solo debes orar por ti mismo, por tu familia y por la gente y las situaciones que Dios ponga en tu corazón.

Deja que el amor de Dios y tu disposición a servirlo inicien tus oraciones. Responde al llamado de ser su guerrero de oración, a fin de ver que su voluntad se haga en la tierra. El Espíritu Santo te guiará, por lo que permanece en contacto íntimo con Él. Invítalo a que le diga a tu corazón, mente y espíritu *cuándo* tengas que orar, *cómo* orar y *qué* orar. Entonces, cuando te traiga a la mente una persona, un pueblo o una circunstancia, revisa estas oraciones para ver si alguna de ellas podría ser un buen punto de partida.

Hay un tremendo poder en las oraciones de los guerreros de oración, así que «no se cansen de hacer el bien» (2 Tesalonicenses 3:13). Muchas veces, el bien supremo que puedes hacer es orar y *seguir* orando, ya sea que veas las respuestas de inmediato o no. Orar como guerrero de oración es una excelente manera de llegar al final de tu vida, sabiendo que has peleado la buena batalla y que has cumplido tu llamamiento. No tienes que saber cómo se respondió cada oración; solo tienes que creer que Dios las escuchó todas, y que responderá a su manera y en su tiempo.

Tú solo ora. Y confía en que Él hará el resto.

Eso es lo que hacen los guerreros de oración.

1. Oración por una cobertura de protección

SEÑOR, te pido que me cubras a mí y a mi familia con tu protección. Rodéanos con tus ángeles para alejarnos de peligro, accidentes, enfermedad o cualquier plan del enemigo para hacernos daño. Tú eres mi fortaleza y mi escudo, y confío en ti (Salmo 28:7). Gracias porque me alejas del daño y cuidarás mi entrada y mi salida, tanto ahora como en la eternidad (Salmo 121:8). «Tú eres mi escondedero y mi escudo; en tu palabra espero» (Salmo 119:114, LBLA). Gracias, Señor, porque tú «bendices a los justos; cual escudo los rodeas con tu buena voluntad» (Salmo 5:12, NVI®). Gracias porque en tiempo de problemas me esconderás del enemigo en un lugar secreto. Tú me pondrás «en alto, sobre una roca» (Salmo 27:5, NVI®).

Señor, tu Palabra dice que «el que habita al abrigo del Altísimo morará a la sombra del Omnipotente» (Salmo 91:1, LBLA). Y digo que «tú eres mi refugio, mi fortaleza, el Dios en quien confío» (Salmo 91:2, NVI®).

Te pido que protejas también a (nombres de las personas en tu corazón que necesitan la protección de Dios). Guárdalas de las manos del malvado (2 Tesalonicenses 3:3). Protégelas de hombres violentos. Donde el enemigo ponga una trampa, te pido que las rescates del impío (Salmo 140:4-6). Gracias porque las librarás «del lazo del cazador, de la peste destructora» (Salmo 91:3). Gracias porque serás una cobertura para que puedan refugiarse en ti, y tú serás un escudo impenetrable para el enemigo (Salmo 91:4).

Gracias porque eres nuestro refugio (Nahum 1:7). Eres un escudo para todos los que buscan refugio en ti. Ayúdanos a recordar que tú, Señor, eres «nuestro amparo y fortaleza, nuestro pronto auxilio en las tribulaciones» (Salmo 46:1).

Te lo pido en el nombre de Jesús.

No temerás el terror nocturno,
ni saeta que vuele de día,
ni pestilencia que ande en oscuridad,
ni mortandad que en medio del día destruya.
Caerán a tu lado mil,
y diez mil a tu diestra; mas a ti no llegará.
Ciertamente con tus ojos mirarás y
verás la recompensa de los impíos..

SALMO 91:5-8

2. Oración por liberación del mal

Señor, sé que el mal nos rodea, pero tú dices que los que se esconden en ti serán librados del enemigo. Ayúdame a esconderme en ti. También te pido lo mismo por (nombre de la persona o pueblo en tu corazón que necesita protección o que le libren del mal). Gracias porque envías ángeles para que nos cuiden y nos guarden de los planes del maligno. Señor Jesús, tú dices que «todo aquel que hace lo malo, aborrece la luz y no viene a la luz, para que sus obras no sean reprendidas. Mas el que practica la verdad viene a la luz, para que sea manifiesto que sus obras son hechas en Dios» (Juan 3:20-21). Ayúdanos a alejarnos siempre del mal y hacer todo lo que hacemos a la luz de tu presencia (1 Pedro 3:11). Si el mal nos ha perseguido, te pido que rompas todo intento del enemigo de levantar cualquier clase de fortaleza o trampa. Ayúdanos a aborrecer el mal y a aferrarnos al bien (Romanos 12:9, NVI®).

Ayúdanos a ser «sabios para el bien, e ingenuos para el mal» (Romanos 16:1, RVC). Ayúdanos a abstenernos «de toda especie de mal» (1 Tesalonicenses 5:22). Tu Palabra dice: «Dichoso el que hace frente a la tentación; porque, pasada la prueba, se hace acreedor a la corona de vida, la cual Dios ha prometido dar a quienes lo aman» (Santiago 1:12, RVC). Permite que resistamos toda tentación del enemigo para desobedecerte y hacer lo que no se debe hacer. Ayúdanos para que el enemigo no nos seduzca de ninguna manera.

Gracias, Señor, porque tú eres fiel para establecernos en tierra firme y nos guardas del maligno (2 Tesalonicenses 3:3). Revélanos cualquier manera en la que hayamos invitado al enemigo a entrar al no vivir de acuerdo a tu voluntad. Gracias, Jesús, porque eres el Libertador que vino a liberarnos de la muerte y del infierno. Querido Señor, líbranos del mal este día.

Te lo pido en el nombre de Jesús.

Por haber puesto al Señor por tu esperanza,
por poner al Altísimo como tu protector,
no te sobrevendrá ningún mal, ni plaga
alguna tocará tu casa. El Señor mandará sus
ángeles a ti, para que te cuiden en todos tus
caminos. Ellos te llevarán en sus brazos, y no
tropezarán tus pies con ninguna piedra.

SALMO 91:9-12, RVC

3. Oración por sanidad

SEÑOR, te doy gracias porque eres el Dios que sana. Gracias, Jesús, porque cargaste «con nuestras enfermedades», soportaste «nuestros dolores» y fuiste «traspasado por nuestras rebeliones» y por tus «heridas fuimos sanados» (Isaías 53:4-5, NVI®). Gracias porque tomaste «nuestras enfermedades» y llevaste «nuestras dolencias» (Mateo 8:17, RVC). Por la autoridad que se me ha dado en el nombre de Jesús, te pido sanidad para (<u>nombre de la persona que necesita sanidad</u>). Te ruego que ningún plan del enemigo para la destrucción de esta persona tenga éxito. Dale sanidad a cada parte de su cuerpo.

De manera específica, te pido por (<u>nombre del lugar concreto de sanidad que se necesita</u>). Haz que su cuerpo funcione de la manera en que tú lo creaste, a fin de que cada parte del cuerpo se limpie de todo lo que no debe estar allí. Dale sabiduría en cuanto a lo que debe comer, a la medicina que debe tomar o no tomar, al médico que debe ver y lo que debe hacer para tener buena salud y conservarla. En el nombre de Jesús, me opongo a todos los planes del enemigo de ocasionarle enfermedad o padecimiento de cualquier clase.

Señor, tú dices en tu Palabra que, «por eso, confiésense unos a otros sus pecados, y oren unos por otros, para que sean sanados. La oración del justo es poderosa y eficaz» (Santiago 5:16, NVI®). Donde se necesite confesión de pecado, hazlo evidente para que haya arrepentimiento. Sé que «el corazón alegre constituye buen remedio; mas el espíritu triste seca los huesos» (Proverbios 17:22). Enséñame dónde el quebranto y la falta de gozo hayan impedido la sanidad. Ya sea que esta enfermedad se sane al instante o requiera de un período de convalecencia, te doy la gloria como nuestro Creador y Sanador.

«Mi Señor y Dios, te pedí ayuda, y tú me sanaste» (Salmo 30:2, RVC). Gracias porque salvas a los que claman a ti en sus problemas y su aflicción, y porque tú los sanas y los libras de la destrucción (Salmo 107:19-20). En nombre de (menciona la persona por la que oras), digo: «Sáname, Señor, y seré sanado» (Jeremías 17:14, NVI®).

Señor, tu Palabra dice: «¿Está afligido alguno entre ustedes? Que ore. ¿Está alguno de buen ánimo? Que cante alabanzas. ¿Está enfermo alguno de ustedes? Haga llamar a los ancianos de la iglesia para que oren por él y lo unjan con aceite en el nombre del Señor. La oración de fe sanará al enfermo y el Señor lo levantará» (Santiago 5:13-15, NVI®). Ayúdanos a hacer la oración de fe. Ayúdanos a confesar nuestros pecados y a orar los unos por los otros, a fin de recibir sanidad (Santiago 5:16).

Te lo pido en el nombre de Jesús.

¡Bendice, alma mía, al Señor, y no olvides ninguna de sus bendiciones! El Señor perdona todas tus maldades, y sana todas tus dolencias. El Señor te rescata de la muerte, y te colma de favores y de su misericordia.

SALMO 103:2-4, RVC

4. Oración por dirección y discernimiento personal

SEÑOR, tú dices en tu Palabra que te busquemos primero todos los días (Mateo 6:33). «Si a alguno de ustedes le falta sabiduría, que se la pida a Dios, quien da a todos abundantemente y sin reproche, y le será dada. Pero que pida con fe, sin dudar. Porque el que duda es semejante a la ola del mar, impulsada por el viento y echada de una parte a otra» (Santiago 1:5-6, NBLH). Señor, te pido sabiduría y te agradezco porque me la darás en abundancia. Me niego a dudar de tu Palabra y de tus promesas para mí, por lo que te pido con fe sin dudar. Ayúdame a permanecer firme en el terreno firme de tu Palabra.

La sabiduría que necesito en concreto hoy es para (di cuál es tu mayor necesidad por dirección y discernimiento ahora). La confianza que tengo en ti es que si pido cualquier cosa de acuerdo a tu voluntad, tú me oyes (1 Juan 5:14). Te traigo todas mis preocupaciones, problemas, sueños, necesidades, temores, anhelos y aspiraciones, y te pido que me ayudes de acuerdo a tu voluntad. Enséñame, de manera específica, a orar en cuanto a esto y muéstrame lo que debo hacer. Jesús, tú dices: «Si permanecen en mí, y mis palabras permanecen en ustedes, pidan todo lo que quieran, y se les concederá» (Juan 15:7, RVC). Ayúdame a vivir en ti y en tu Palabra. Gracias porque me escuchas y responderás. Echo todas mis preocupaciones en ti y las dejo en tus manos, sabiendo que son un peso que tú no quieres que yo cargue.

Te ruego por (nombre de la persona que necesita sabiduría y discernimiento). Ayúdala a tomar decisiones sabias y a tener el discernimiento que necesita para vivir a salvo en este mundo. Ayúdala a que no sea sabia según su propia opinión, sino que tema al Señor y se aparte del mal (Proverbios 3:7). Gracias «porque todo aquel que pide, recibe; y el que busca, halla; y al que llama, se le abrirá» (Lucas

11:10). Dale sabiduría en cuanto a lo que busca y ayúdale a buscar tu voluntad en cuanto a eso. Ábrele la puerta a lo que es tu voluntad y ciérrale la puerta a lo que no lo es.

Tú dices: «Pon tu delicia en el Señor, y Él te dará las peticiones de tu corazón» (Salmo 37:4, LBLA). Mi gran delicia es conocerte. Te *pido* tu dirección, *busco* conocer tu voluntad y *llamo* a la puerta de tu misericordia confesando que no puedo vivir sin ti (Lucas 11:9). Gracias porque recompensas a los que te buscan primero y dejan sus cargas en tus manos. Me alineo contigo, Señor, y te pido que me ayudes a orar, por mí y por otros, según me guíe tu Espíritu. Gracias por oír mi oración y porque responderás.

Te lo pido en el nombre de Jesús.

No he dejado de dar gracias por ustedes al recordarlos en mis oraciones. Pido que el Dios de nuestro Señor Jesucristo, el Padre glorioso, les dé el Espíritu de sabiduría y de revelación, para que lo conozcan mejor. Pido también que les sean iluminados los ojos del corazón.

EFESIOS 1:16-18, NVI®

5. Oración por provisión

SEÑOR, sé que el enemigo puede usar nuestras finanzas como un punto de ataque, por lo que quiero cubrirlas en oración. Me someto a mí mismo, a mis finanzas y a todo lo que tengo también a ti. Gracias por las muchas bendiciones que me has dado. Ayúdame a glorificarte en todo lo que hago con todo lo que tengo. Sé que todas las cosas buenas vienen de ti. Ayúdame a agradarte con mis pagos, con lo que doy, con mis compras y con mis gastos.

Tu Palabra dice que «la bendición del Señor es la que enriquece, y Él no añade tristeza con ella» (Proverbios 10:22, LBLA). Te pido que el enemigo no pueda robarnos ni arrebatarnos nada a mí ni a mi familia. Ayúdanos a ser buenos administradores de todo lo que nos has dado. Si no he sido sabio, dirígeme. Enséñame a dar de la manera en que tú quieres, para que al hacerlo reprenda al devorador que viene a robarse lo que tengo. Resisto al enemigo que quiere robarnos lo que tú tienes para nosotros. Ayúdame a tomar decisiones financieras sabias, basadas en la dirección de tu Espíritu.

Te pido por (nombre de la persona que necesita provisión). Provéele para todo lo que necesita. Ayúdale de modo que aprenda a buscarte para todo. Tu Palabra dice que «donde esté tu tesoro, allí estará también tu corazón» (Mateo 6:21, RVC). Te pido que su corazón sea recto ante ti en cuanto a las finanzas. Gracias porque proveerás todo lo que necesita, de acuerdo a tus riquezas (Filipenses 4:19). Enséñale a ser agradecido por todo lo que provees. Jesús, tú dices: «Den, y se les dará: se les echará en el regazo una medida llena, apretada, sacudida y desbordante. Porque con la medida que midan a otros, se les medirá a ustedes» (Lucas 6:38, NVI®). Ayúdala a ser una persona generosa y a darte a ti y a otros de una manera que te agrade. Ayúdame a hacer lo justo.

Ayúdanos a confiar en ti y no en el dinero ni en las riquezas. Ayúdanos a estar siempre listos para ser «ricos en buenas obras, dadivosos, generosos» (1 Timoteo 6:18). Ayúdanos a atesorar un «buen fundamento para lo por venir» (1 Timoteo 6:19). Enséñanos a ser sabios con todo lo que nos das. Gracias porque siempre provees para nosotros cuando te buscamos y vivimos como tú quieres.

Te lo pido en el nombre de Jesús.

> *Se deleitan en la ley del SEÑOR meditando en ella día y noche. Son como árboles plantados a la orilla de un río, que siempre dan fruto en su tiempo. Sus hojas nunca se marchitan, y prosperan en todo lo que hacen.*
>
> SALMO 1:2-3, NTV

6. Oración por victoria sobre el ataque del enemigo

SEÑOR, te agradezco porque «contigo desbarataré ejércitos, y con mi Dios asaltaré muros» (Salmo 18:29). Sé que «maquina el impío contra el justo», pero «el Señor se reirá de él; porque ve que viene su día» (Salmo 37:12-13). Gracias porque «el SEÑOR destrozará a sus enemigos; desde el cielo lanzará truenos contra ellos» (1 Samuel 2:10, NVI®). «Ante los enemigos que me rodean me hará levantar la cabeza» y «cantaré salmos al Señor» (Salmo 27:6, RVC).

Te alabo en medio de todas las pruebas y los desafíos, sabiendo que tú harás algo grande en mí y en la situación. «El enemigo decía: "Los perseguiré [...] ¡Sacaré la espada y yo mismo los destruiré!"» (Éxodo 15:9, RVC). Sin embargo, yo digo: «No te alegres de mí, enemiga mía. Aunque caiga, me levantaré, aunque more en tinieblas, el Señor es mi luz» (Miqueas 7:8, LBLA). «Guárdame de las garras de la trampa que me han tendido, y de los lazos de los que hacen iniquidad. Caigan los impíos en sus propias redes, mientras yo paso a salvo» (Salmo 141:9-10, LBLA). «Sea mi corazón íntegro en tus estatutos, para que no sea yo avergonzado» (Salmo 119:80).

Revélame cualquier lugar donde el enemigo se desplace en mí, o en mi familia, o en cualquiera por el que debería orar y a quien lo está atacando. Te pido por (nombre de las personas que sabes que tienen problemas). Revélanos cualquier situación en nuestra vida en que el enemigo trate de obrar su mal sin que nos demos cuenta siquiera. Si hay incidente tras incidente de enfermedad, accidentes o crisis, muéstranos dónde el enemigo está tratando de desgastarnos. Te pido que el enemigo no tenga la satisfacción de manipular cualquier territorio en nuestra vida.

Señor, si cualquiera de nosotros está *permitiendo* que el enemigo entre a nuestra vida, revélanoslo. Muéstranos cualquier cosa que no sea buena en nosotros y que le daría al enemigo razón para atacar. Sé que una persona cuyo caminar es irreprensible se mantendrá a salvo, pero el de caminos perversos caerá de repente (Proverbios 28:18). Revela cualquier manera en que hayamos permitido pensamientos u obras que no sean tu voluntad para nosotros. Queremos arrepentirnos de eso y detener toda intrusión del enemigo a nuestra vida.

Señor, seremos victoriosos porque eres tú el que «hollará a nuestros enemigos» (Salmo 60:12). «¡Poderoso es tu brazo! ¡Fuerte es tu mano! Tu mano derecha se levanta en alto con gloriosa fuerza» (Salmo 89:13, NTV). «Tu mano derecha, oh Señor, es gloriosa en poder. Tu mano derecha, oh Señor, aplasta al enemigo» (Éxodo 15:6, NTV). Gracias porque debido a tu misericordia nos darás la victoria sobre el enemigo en cada ataque que intente en nuestra vida.

Te lo pido en el nombre de Jesús.

Persigan a sus enemigos y atáquenlos
por la retaguardia.
No les permitan entrar en sus ciudades,
porque el Señor, Dios de ustedes,
los ha entregado en sus manos.

JOSUÉ 10:19, NBLH

7. Oración por los corazones de los niños

SEÑOR, te ruego por cada niño de mi familia y por los niños que conozco a mi alrededor para que sean protegidos. De manera específica elevo ante ti a (los nombres de los niños que están en tu corazón). No permitas que el enemigo gane terreno en sus vidas de ninguna manera. Acércalos a ti para que te reciban como su Salvador antes de que el enemigo pueda erigir cualquier fortaleza en sus vidas. Para los que ya te recibieron, permite que la magnitud de lo que hicieron sea real para ellos. Acércalos a tu reino para que puedan rechazar cualquier aspecto del mal y de las tinieblas, sobre todo mientras se hacen mayores.

Silencia la voz del enemigo en estos niños para que puedan oír tu voz. No permitas la confusión y todo plan del enemigo de sus vidas. Permíteles pensar con claridad y tomar buenas decisiones. Donde el enemigo ya hubiere ganado un poco de terreno en sus vidas, te pido que cortes ese control y que expongas las mentiras y las tácticas del enemigo. Dame sabiduría en cuanto a la manera de orar por los niños que has puesto en mi corazón.

Señor, reclamo los corazones de (nombres de otros niños específicos que necesitan oración) para tu reino. Haz que sus corazones se vuelvan a ti. Te pido que nadie se pierda de ninguna manera. Mantenlos protegidos del maligno. Escóndelos de hombres malvados que podrían intentar alejarlos de todo lo que tienes para ellos y destruir sus vidas. Te pido que tu carácter se forme en cada niño. Tú dices en tu Palabra que la descendencia de los justos será librada del malo (Proverbios 11:21). Te pido que les enseñes a estos niños y que tengan gran paz (Isaías 54:13).

Dales la capacidad para distinguir entre el bien y el mal. Graba tus palabras en sus corazones. Te pido que honren a sus padres para que puedan tener una buena vida como se promete en tus mandamientos (Efesios 6:1-3). Tráeles a sus vidas influencias y amigos piadosos. Dales discernimiento en cuanto a la gente. Trae de regreso a cualquier niño que se haya alejado de tus caminos. En cuanto a eso, te pido por (el nombre del niño o niños). Gracias por tu Palabra para los padres de los niños que se han rebelado en su contra, la cual es: «Reprime tu llanto y tus sollozos; seca las lágrimas de tus ojos, porque no has trabajado en vano: tus hijos volverán de ese país enemigo» (Jeremías 31:16, RVC). Gracias porque nuestro trabajo de oración e intercesión será recompensado. Gracias porque tu promesa para nosotros es: «Cree en el Señor Jesucristo, y serás salvo, tú y tu casa» (Hechos 16:31). Reclamo a estos niños para tu reino, Señor, y ningún plan del enemigo puede cancelar eso.

Te lo pido en el nombre de Jesús.

Hay esperanza para tu porvenir —declara el Señor—, los hijos volverán a su territorio.

Jeremías 31:17, lbla

8. Oración por un lugar seguro y un fin a la violencia

SEÑOR, te pido por un lugar seguro para vivir. Si el lugar donde vivo no es seguro, te pido que hagas que sea seguro o que me presentes otro lugar que lo sea. Si el lugar en el que vivo es seguro, te pido que siempre lo mantengas así. Mantén mi hogar a salvo. Rodéalo con ángeles y evita todo mal.

Te pido por un fin a todo el crimen en mi vecindario, comunidad y ciudad. De manera específica, te pido por la seguridad de (nombre de las personas que están en peligro o que podrían estarlo). Mantén lejos al enemigo del área. Si otras personas lo invitaron a entrar debido a sus malas decisiones, su orgullo, su arrogancia, sus malos deseos, sus intenciones y sus prácticas, te pido que convenzas sus corazones. Si se niegan a reconocerte en cualquier manera, te pido que hagas que caigan en sus propias trampas. Deja al descubierto la intención de la gente de hacer el mal *antes* de que tenga la oportunidad de cometer sus crímenes. Te pido que a los criminales los alejen hacia donde ya no puedan hacerles daño a los demás.

Dale un fin a la violencia en (nombra el lugar o área donde prevalece la violencia o el crimen). Clamo a ti en nombre de la gente «porque la tierra está llena de delitos de sangre, y la ciudad está llena de violencia» (Ezequiel 7:23). Te pido que tu justicia y tu bondad reinen sobre ellos. Deja al descubierto a los que planifican violencia antes de que puedan ejecutar sus malas acciones. Te pido que la violencia ya no se oiga en la tierra. Al que tenga malas intenciones o que haya demostrado malas acciones en contra de la gente, te pido que condenes su corazón. Si sus corazones están tan endurecidos a ti que no oigan la verdad, si «la soberbia es su corona, y la violencia es su vestido» (Salmo 73:6, RVC), si «no duermen a menos que hagan el mal, y pierden el sueño si no han hecho caer a alguno» (Proverbios 4:16-17, LBLA), te pido que su propio mal se les devuelva. Tú dices que «la violencia de los malvados los destruirá, porque se niegan a practicar la justicia» (Proverbios 21:7, NVI®). Derriba a los instigadores de violencia en contra de tu pueblo.

Gracias, Señor, porque tú eres «el que me libra de mis enemigos. Ciertamente tú me exaltas sobre los que se levantan contra mí; me rescatas del hombre violento» (Salmo 18:48, LBLA). «Oh Dios, Señor, poder de mi salvación, tú cubriste mi cabeza en el día de la batalla» (Salmo 140:7, LBLA). Tú eres «mi Dios, mi roca, en quien encuentro protección. Él es mi escudo, el poder que me salva y mi lugar seguro. Él es mi refugio, mi salvador, el que me libra de la violencia» (2 Samuel 22:3, NTV). Gracias porque «en paz me acostaré y así también dormiré; porque sólo tú, Señor, me haces habitar seguro» (Salmo 4:8, LBLA).

Te lo pido en el nombre de Jesús.

Cuando pasa el torbellino, ya no existe el impío, pero el justo tiene cimiento eterno.

PROVERBIOS 10:25, LBLA

9. Oración por el fin de la confusión

SEÑOR, tú no eres «Dios de confusión, sino de paz» (1 Corintios 14:33). Donde reina la confusión, sé que el enemigo está en acción y es el responsable. Te pido que no haya confusión en mí, ni en mi familia, mis relaciones, mi iglesia, ni en mi trabajo. Te ruego que tenga claridad y que resista al enemigo que venga con confusión. Te pido que tu paz reine en estos aspectos. Me someto a ti, Señor, porque tu Palabra dice que tú nos has dado dominio propio (2 Timoteo 1:7). Gracias por darnos una mente clara y el dominio propio que les prometes a quienes te aman.

Te ruego que elimines toda confusión, no solo de mi mente, sino de las mentes de mi familia, mis amigos y las personas que sé que son víctimas de las tácticas de confusión del enemigo. Te suplico que le pongas fin a toda confusión de (nombre de la persona o las personas en quienes reina la confusión). Ayúdala a llevar cautivo todo pensamiento y a ponerlo bajo tu control (2 Corintios 10:5). Ayúdala a resistir al enemigo al negarse a albergar pensamientos que no son de ti. Te pido que, en cada lugar que el enemigo haya llevado confusión, se les revele a todos los afectados. Permite que la culpa se ponga sobre el enemigo, que es donde pertenece. Gracias porque tú no eres el autor de la confusión, sino que lo es el enemigo. Resisto toda confusión del enemigo en nombre de estas personas. Dales una mente clara y el dominio propio que vienen de ti.

Tu Palabra dice que «la lengua es fuego; es un mundo de maldad. La lengua ocupa un lugar entre nuestros miembros, pero es capaz de contaminar todo el cuerpo; si el infierno la prende, puede inflamar nuestra existencia entera» (Santiago 3:6, RVC). Si la murmuración ha ocasionado confusión, saca a la luz las obras de las tinieblas con el resplandor de tu luz y disípalas. Elevo ante ti (menciona alguna situación específica donde entrara la confusión mediante palabras mal dichas). Trae tu verdad a esta. En cuanto a las personas que tratan de ocasionar confusión, te pido que *les* hagas «beber vino de aturdimiento» (Salmo 60:3). A los involucrados, dales total claridad de pensamiento y la perspectiva adecuada. Abre los ojos ciegos. Trae revelación donde haya confusión, y entendimiento donde no lo haya.

Si el enemigo ha llevado confusión a otras partes del mundo, o a ciertos grupos étnicos, te pido que traigas la claridad de tu verdad sobre ellos. En específico, te ruego por (menciona los grupos étnicos, gobiernos o las organizaciones donde reina la confusión). Anula a los obreros de confusión y sus pensamientos erróneos. Silencia a las personas cuyas mentiras hayan hecho que la gente no pueda distinguir entre una verdad y una mentira. Permite que tu verdad, la verdad de tu Palabra, penetre y reine en los corazones de la gente allí.

Te lo pido en el nombre de Jesús.

> *¡Que sean avergonzados y confundidos los que buscan acabar con mi vida! ¡Que retrocedan en vergonzosa derrota los que buscan hacerme daño!*
>
> SALMO 70:2, RVC

10. Oración por liberación del hostigamiento del enemigo

SEÑOR, haz que sea consciente de cualquier persona que tenga ataque del enemigo y ayúdame a interceder por ella de la manera en que tú, Jesús, intercedes por nosotros. Te pido por (nombre de la persona que tiene hostigamiento del enemigo) y te ruego que la bendigas hoy. Llénala del conocimiento de tu voluntad. Dale «sabiduría y comprensión espiritual» para que pueda andar como es digno de ti, agradándote en todo, «dando fruto en toda buena obra y creciendo en el conocimiento» tuyo (Colosenses 1:9-10, LBLA). Fortalécela con tu poder. Dale toda paciencia y gozo (Colosenses 1:11, RVC). Dale el deseo de agradarte, de ser agradecida y de crecer en tu conocimiento cada día.

Si el enemigo la hostiga o hace que se desvíe, te pido que le abras sus ojos a la verdad. Revélatele y déjale ver tus planes para su vida, y pon de manifiesto los planes y las artimañas del enemigo. Permítele tomar decisiones que sean agradables a tus ojos.

Señor, te pido que derrames tu Espíritu en (nombre de las personas o grupo étnico que necesitan un derramamiento del Espíritu en sus vidas). Permíteles experimentar un despertar espiritual y que tengan un sentido mayor de tu presencia en su vida. Te pido que sus ojos se abran a tu verdad y a todo lo que quieres revelarles. Libéralos de toda opresión y de lo que les evita desplazarse hacia todo lo que les tienes reservado. Dales fortaleza para resistir al enemigo en todo tiempo. No permitas que sean menos de lo que los has llamado a ser, a fin de que puedan desplazarse hacia todo lo que tienes para sus vidas.

Señor, líbranos de las manos del enemigo. Hay libertad en tu presencia, así que ayúdanos a permanecer cerca de ti. Gracias, Jesús, porque te entregaste por nosotros «para librarnos de este presente siglo malo, conforme a la voluntad de nuestro Dios y Padre»

(Gálatas 1:4, LBLA). Señor, tú dices: «Llámame cuando tengas problemas, y yo te rescataré, y tú me darás la gloria» (Salmo 50:15, NTV). «El Señor me librará de toda obra mala» en este día (2 Timoteo 4:18, LBLA).

Te lo pido en el nombre de Jesús.

> *Las armas de nuestra contienda no son carnales, sino poderosas en Dios para la destrucción de fortalezas; destruyendo especulaciones y todo razonamiento altivo que se levanta contra el conocimiento de Dios, y poniendo todo pensamiento en cautiverio a la obediencia de Cristo.*
>
> 2 CORINTIOS 10:4-5, NBLH

11. Oración por tus líderes

SEÑOR, te pido, en primer lugar, que protejas a los pastores y los líderes cristianos de mi iglesia y de todas las iglesias que creen en la Biblia. Te ruego, en específico, por (<u>nombre de líderes cristianos que vengan a tu mente</u>). Permíteles ser una fuerza del bien en su comunidad. Ayúdalos a oírte siempre con claridad. Mantenlos protegidos de los planes del enemigo, porque sé que ellos y sus familias son su blanco para destrucción.

Bendice mi iglesia y otras iglesias que conozco, como (<u>nombre de tu iglesia y de iglesias concretas que estén en tu corazón ahora mismo</u>). No permitas que tengan una apariencia de piedad que niegue su eficacia (2 Timoteo 3:5). No permitas que cada iglesia sea gente que no invite a tu Espíritu Santo a que obre en su vida y a través de su vida. Ayúdalos a vivir como quieres tú y no a su manera. Ayúdalos para que sean personas que estén «orando en todo tiempo con toda oración y súplica en el Espíritu, y velando en ello con toda perseverancia y súplica por todos los santos» (Efesios 6:18).

Te pido que si hay un error en el liderazgo de cualquier iglesia, que tú lo reveles a fin de que se pueda corregir al líder. Permite que esa persona reciba tu corrección con arrepentimiento y un corazón dedicado a servirte.

Mantennos a todos en unidad y en paz, sirviéndote solo a ti y no a nosotros mismos. Enséñanos a crecer juntos como familia espiritual y a no excluir a nadie. En tu Palabra hablas mucho acerca de tu pueblo que permanece en unidad, por lo que sé que debo orar por eso ahora. No permitas que nosotros, el cuerpo de Cristo, tengamos peleas y divisiones, lo cual es de origen satánico. Ayúdanos a permanecer firmes en la unidad a la que nos llamaste.

Señor, te ruego por todos los líderes de mi comunidad, estado y país para que sean siervos honestos del pueblo. Te suplico que se revele toda corrupción y que a los líderes corruptos los sustituyan hombres y mujeres que sean brillantes y honestos, y que hagan el bien por el pueblo. Deja al descubierto a cada líder corrupto y sácalo del poder. Líbranos del mal en nuestro gobierno.

Permítenos tener vidas tranquilas y pacíficas, libres de violencia y luchas internas. Saca a los líderes que no se interesan en la gente, sino en su propia riqueza y ganancia. El tema de mi gobierno que más me preocupa es (menciona el asunto que más te preocupa). Te pido que *tus* leyes prevalezcan y que se haga lo bueno. Lo que quiero ver que se haga es (di cómo te gustaría ver esto resuelto). En primer lugar, quiero que se haga tu voluntad. Enséñame a orar por problemas específicos de modo que se expulse la infiltración del mal por parte del enemigo. Despierta a tus creyentes para que te sirvan con su intercesión. Ayúdanos a escuchar tu llamado y a llegar a ser guardias del muro de nuestra comunidad y nación.

Te lo pido en el nombre de Jesús.

Exhorto, pues, ante todo que se hagan rogativas, oraciones, peticiones y acciones de gracias por todos los hombres; por los reyes y por todos los que están en autoridad, para que podamos vivir una vida tranquila y sosegada con toda piedad y dignidad. Porque esto es bueno y agradable delante de Dios nuestro Salvador.

1 Timoteo 2:1-3, lbla

12. Oración para que otros sean salvos

Señor, te pido por la salvación de (nombre de las personas que quieras que reciban al Señor). Abre los ojos de cada uno para que vean tu verdad. Revélateles y ábreles su corazón para que te reciban, Jesús, como su Salvador. No permitas que me desanime si pasa mucho tiempo para ver una respuesta de alguien, porque sé que tu propio hermano, Santiago, aparentemente no creía que eras quien decías que eras. No fue sino hasta que moriste y resucitaste de los muertos que él se convirtió. Sin embargo, sé que puedes atraer gente a ti, y lo haces como respuesta a la oración.

Tú dices: «Y yo, si soy levantado de la tierra, atraeré a todos a mí mismo» (Juan 12:32, lbla). Sé que no quieres que no separen a nadie de ti y que sufra por la eternidad. Tú eres «paciente para con nosotros, no queriendo que nadie perezca, sino que todos vengan al arrepentimiento» (2 Pedro 3:9). Debido a que tu deseo es que todos sean salvos y «vengan al conocimiento de la verdad» (1 Timoteo 2:4), seguiré orando por los no salvos para que te reciban como su Mesías.

Sé que «no hay otro nombre bajo el cielo, dado a los hombres, en que podamos ser salvos» (Hechos 4:12). «Hay un solo Dios, y un solo mediador entre Dios y los hombres», y ese eres tú, «Jesucristo hombre» (1 Timoteo 2:5). Sé que «todo aquel que invocare el nombre del Señor, será salvo» (Hechos 2:21). Gracias porque por tu gran amor por nosotros que, aun cuando estábamos muertos en pecado, nos diste vida en Jesús por tu gracia (Efesios 2:4-5). «Pues todos hemos pecado» y «nadie puede alcanzar» tu gloria (Romanos 3:23, ntv).

Señor Jesús, tú dices: «Yo soy la puerta; el que por mí entrare, será salvo; y entrará, y saldrá, y hallará pastos» (Juan 10:9). «Y yo les doy vida eterna; y no perecerán jamás, ni nadie las arrebatará de mi mano» (Juan 10:28). Te pido que las personas que mencioné antes pasen por esa puerta a la vida eterna y no las arrebaten de tu mano. Ayúdalas a oír tu Palabra y a creerla. Te pido que incluso ahora el enemigo no las pueda cegar ni arrebatar de ti. Las reclamo para tu reino. Ayúdalas a conocer tu gran regalo para nosotros, que es la vida eterna contigo.

Te lo pido en el nombre de Jesús.

> *Porque de tal manera amó Dios al mundo, que ha dado a su Hijo unigénito, para que todo aquel que en él cree, no se pierda, mas tenga vida eterna.*
>
> Juan 3:16

13. Oración por la unidad racial

SEÑOR, líbranos de actitudes que son solo superficiales. Sé que los mismos tipos de sangre se encuentran en todas las razas, porque todos tenemos el mismo Padre. Tu Palabra dice: «¿No tenemos todos un mismo padre? ¿No nos ha creado un mismo Dios? ¿Por qué, pues, nos portamos deslealmente el uno contra el otro, profanando el pacto de nuestros padres?» (Malaquías 2:10). Me lo pregunto, Señor. Te pido que la gente no menosprecie a los demás por ninguna razón, en especial por raza, color de piel, idioma, apariencia o diferencias culturales. Nos resistimos al mal del enemigo de nuestra alma que sigue perpetuando el odio de este tipo. Líbranos de este mal y de los que les gusta fomentarlo y continuarlo.

Solo hiciste dos clases de personas de las que debemos hacer distinción; y son *los que conocen a Jesús y son salvos*, y *los que no conocen a Jesús y no son salvos*. Permite que la gente deje en claro esta distinción. Ayuda a la gente para que vea la belleza que pusiste en todas las razas y a que aprecie las diferencias. Sé que cuando llamas a la unidad, no haces distinción en absoluto entre las personas, excepto que sean creyentes. Ayúdanos a hacer lo mismo.

Señor, te ruego por la paz y la unidad entre los creyentes de todas las razas. Si algo que no sea el amor de Cristo se le demuestra a la gente de cualquier raza, te pido que convenzas a los corazones de quienes estén tan cegados. Si se proyecta ira u odio de la gente de una raza hacia otra raza, te pido que hagas que los que cometen ese mal se pongan de rodillas ante ti en arrepentimiento. Ayúdanos, a tus hijos, a ser personas en las que reine tu amor por los demás. En específico, te pido por (nombra a las personas, grupo étnico o situación donde sea evidente la discriminación).

Gracias porque eres el Padre de todos nosotros y porque el Espíritu Santo mora en cada uno de los que recibimos a tu Hijo como

Salvador. «¡Mirad cuán bueno y cuán delicioso es habitar los hermanos juntos en armonía! (Salmo 133:1). Ayúdanos para que siempre procuremos «mantener la unidad del Espíritu en el vínculo de la paz» (Efesios 4:3, RVC). Tú nos hiciste de una sangre y todos somos redimidos por tu sangre. Ayúdanos a que todos nos amemos los unos a los otros de la manera en que nos has amado tú. Ayúdanos a sacrificarnos los unos por los otros de la manera en que tú te sacrificaste por nosotros.

Te lo pido en el nombre de Jesús.

> *De una sangre ha hecho todo el linaje de los hombres, para que habiten sobre toda la faz de la tierra; y les ha prefijado el orden de los tiempos, y los límites de su habitación.*
>
> HECHOS 17:26

14. Oración por la exaltación de Dios

SEÑOR, te adoro como el todopoderoso y omnipotente Dios del universo para quien nada es imposible. No hay nadie mayor que tú. Nadie más alto que tú. Nadie más maravilloso que tú. Te exalto mucho más que cualquier cosa y te doy honra, gloria y alabanza. Gracias porque cuando la gente te considera digno de toda alabanza, tú los salvas de sus enemigos (2 Samuel 22:4). Cuando la gente te alaba, se derrota a su enemigo (2 Crónicas 20:22).

Gracias porque has «librado el alma del pobre de manos de los malvados» (Jeremías 20:13, LBLA). «A los sabios da sabiduría, y a los inteligentes, discernimiento» y «revela lo profundo y lo escondido» (Daniel 2:21-22, NVI®). Tú sabes «lo que se oculta en las sombras» porque moras en luz (Daniel 2:22, NVI®). A ti te pertenece toda la grandeza, poder, majestad y esplendor (1 Crónicas 29:10-11, NVI®). «Ofrezcamos siempre a Dios, por medio de Jesús, un sacrificio de alabanza, es decir, el fruto de labios que confiesen su nombre» (Hebreos 13:15, RVC).

Gracias porque habitas en nuestra alabanza. Por eso es que el enemigo la odia. Me pongo la alabanza a ti como me pongo una prenda, porque cuando lo hago, todo lo que el enemigo trata de ponerme —tristeza, desánimo, ansiedad, aflicción y desesperación— es expulsado junto con los planes del enemigo para destruirme. Gracias, Señor, porque contigo todo es posible (Mateo 19:26), y tú eres mucho más grande que cualquier amenaza del enemigo en mi contra. Ayúdame a que recuerde poner en primer lugar la alabanza a ti cuando el enemigo se me enfrente en mi vida. Ayúdame a acallar las mentiras del enemigo con mi alabanza sincera.

Te doy la gloria debida a tu nombre, y te adoro en la hermosura de tu santidad (Salmo 29:2). Exalto tu santo nombre y te doy alabanza, honra y adoración cada vez que pienso en ti. Te amo,

Señor, con todo mi corazón, con toda mi alma, con toda mi mente y con todas mis fuerzas (Marcos 12:30). Solo tú eres digno de gloria, majestad, imperio y potencia, ahora y por todos los siglos (Judas 1:25). «El Señor es grande, y digno de toda alabanza; ¡más temible que todos los dioses!» (1 Crónicas 16:25, NVI®). ¡Le cantaré «salmos» y hablaré «de sus maravillosas obras»! (1 Crónicas 16:9, NVI®).

Te lo pido en el nombre de Jesús.

Clamé al SEÑOR, quien es digno de alabanza, y me salvó de mis enemigos.

2 SAMUEL 22:4, NTV

15. Oración por los que sufren persecución

SEÑOR, tu Palabra dice que «todos los que quieren vivir piadosamente en Cristo Jesús padecerán persecución» (2 Timoteo 3:12). Esto está llegando a ser más obvio y patente cada día en todo el mundo, incluso en mi país. También dice que «los malos hombres y los engañadores irán de mal en peor, engañando y siendo engañados» (2 Timoteo 3:13). Dales a tus creyentes ojos para que vean la verdad e identifiquen a los engañadores. No permitas que nos engañen. Ayúdanos a reconocer con rapidez las mentiras del enemigo y a rechazarlas de inmediato.

Sé que uno de los aspectos más importantes de la guerra espiritual es orar para que se expanda el mensaje del evangelio. Ayuda a tus guerreros de oración a poner la base de eso en oración. Te pido, como lo hizo Pablo, que pueda llevar personas a Jesús. A él le persiguieron y hasta lo encerraron con cadenas, pero oró para poder hacer más para llevar a otros al reino (Colosenses 4:3). Ayúdame a dedicarme a eso lo mismo que él.

Donde persigan a la gente debido a los que hacen la obra del enemigo en contra de los que te siguen, te pido que los alcances y los rescates. En específico, te pido por (nombre de las personas o grupos étnicos que sufren persecución y que Dios te traiga a la mente ahora mismo). Si los amenazan, golpean y maltratan, te pido que los salves de sus captores. Vuélveles la tortura a sus torturadores. Sé que aunque persigan a estas personas, tú no las has desamparado. Libéralas de la prisión, escóndelas bajo tu sombra, ayúdalas a escapar, permíteles encontrar un lugar de seguridad y concédeles que lleven a otros a ti. No solo salva sus vidas, sino las vidas de sus familiares que también sufren persecución porque creen en ti.

Si alguien está en peligro en este momento, en cualquier parte del mundo, te pido que escuches mis oraciones y lo liberes de sus maltratadores. Aunque no tenga un nombre específico, sé que sabes con exactitud quién es y a dónde debe dirigirse la oración. En concreto, te pido por (menciona cualquier lugar donde haya persecución de cristianos). Rescata a cada uno de tus hijos en esa zona de peligro. Protégelos del daño que el enemigo trata de infligirles. Permíteles escapar de sus captores. Si hay persecución en mi propio país, te pido que expongas este mal y que se detenga.

Te lo pido en el nombre de Jesús.

Estamos atribulados en todo,
mas no angustiados; en apuros,
mas no desesperados; perseguidos, mas no
desamparados; derribados, pero no destruidos.

2 Corintios 4:8-9

16. Oración por un corazón limpio y un espíritu humilde

SEÑOR, sé que «si en mi corazón hubiese yo mirado a la iniquidad», tú no escucharías mis oraciones (Salmo 66:18). No quiero guardar nada en mi corazón que impida que mis oraciones reciban respuesta. Jesús, tú dices que «si decimos que no tenemos pecado, nos engañamos a nosotros mismos, y la verdad no está en nosotros» (1 Juan 1:8). *En cambio, si confesamos nuestros pecados, tú eres «fiel y justo para perdonar nuestros pecados, y limpiarnos de toda maldad»* (1 Juan 1:9). Señor, te pido que me examines «oh Dios, y conoce mi corazón; pruébame y conoce mis pensamientos; y *ve si hay en mí camino de perversidad*, y guíame en el camino eterno» (Salmo 139:23-24). Muéstrame si hay algo que haya dicho o hecho que necesite confesar y tenga que arrepentirme ante ti. Quiero ser capaz de decir como tú, Jesús, que Satanás no tiene nada en mí (Juan 14:30). Esto es cierto de ti, porque *tú* eres sin pecado. Es cierto de *mí* porque pagaste el precio por mí para recibir perdón.

Ayúdame a no pecar con mis palabras. Sé que «de la abundancia del corazón habla la boca» (Mateo 12:34). Tú dices que «el hombre bueno, del buen tesoro del corazón saca buenas cosas; y el hombre malo, del mal tesoro saca malas cosas» (Mateo 12:35). Sé que tendré que dar cuenta de cada palabra que hable, por lo que quiero confesar cualquier palabra ociosa que haya dicho (Mateo 12:36). Revélamelo. Dame un corazón limpio y humilde.

Te pido un corazón limpio y un espíritu humilde en (nombre de las personas que sabes que necesitan estar bien con Dios). Te pido que en todos sus caminos te reconozcan para que puedas enderezar sus sendas (Proverbios 3:6, LBLA). Sé que esto es una parte importante del proceso de prepararlas para la obra que tienes para que lleven a cabo.

Señor, tú les has dado un propósito, un llamado y un plan para sus vidas. Sin embargo, no podrán cumplir tu plan sin estar sometidas por completo a ti en cada aspecto de su vida. Sé que demasiado del mundo en su mente y alma diluirá todo entendimiento de tu propósito para su vida. Dales el sentido de tu propósito y llamado, a fin de que no se aparten del camino que les tienes preparado. Permite que se alejen del orgullo y de un corazón duro para que no pierdan la visión que quieres darles para el futuro. Dales un corazón limpio y un espíritu humilde para que no pierdan tiempo persiguiendo algo que tú no bendecirás. Ayúdales a que «estén siempre gozosos. Oren sin cesar. Den gracias a Dios en todo», pues así harán tu voluntad (1 Tesalonicenses 5:16-18, rvc).

Te lo pido en el nombre de Jesús.

Crea en mí, oh Dios, un corazón limpio, y renueva un espíritu recto dentro de mí. No me eches de delante de ti, y no quites de mí tu santo Espíritu.

Salmo 51:10-11

17. Oración por fortaleza en la batalla

SEÑOR, te doy gracias porque «me has ceñido con fuerzas para la batalla; has subyugado debajo de mí a los que contra mí se levantaron. También has hecho que mis enemigos me vuelvan las espaldas, y destruí a los que me odiaban. Clamaron, pero no hubo quién los salvara; aun al Señor clamaron, mas no les respondió» (2 Samuel 22:40-42, NBLH). Señor, que tu poder se perfeccione en mi debilidad (2 Corintios 12:9). Te ruego que tu poder descanse en mí, porque tú eres mi fortaleza. Tú eres «la fortaleza de mi vida; ¿de quién he de atemorizarme?» (Salmo 27:1). Te suplico que me saques de cualquier red que el enemigo haya escondido para mí porque tú eres mi refugio (Salmo 31:4). La batalla específica que enfrento ahora es (nombra la batalla que enfrentas). Ayúdame a permanecer firme con tu armadura puesta y con las armas que me has dado para un uso total.

Señor, te pido por (nombre de la persona que está en una batalla con el enemigo). Fortalécela con tu fortaleza. Cíñela con tu mano de protección. Gracias porque salvas a los justos, pues tú eres nuestra «fortaleza en el tiempo de la angustia» (Salmo 37:39). Señor, tú afirmas los montes con tu poder y divides el mar con tu fortaleza, por lo que te pido que le afirmes con tu fortaleza de modo que sea inamovible (Salmos 65:6; 78:13). Tú dices: «Bienaventurado el hombre que tiene en ti sus fuerzas», pues esa persona irá de poder en poder (Salmo 84:5, 7). Te ruego que la ayudes a buscar tu fortaleza a fin de resistir al enemigo y que pueda permanecer firme hasta el fin.

«Alma mía, en Dios solamente reposa, porque de él es mi esperanza» (Salmo 62:5). Señor, espero en ti, porque tú eres mi roca y mi refugio, y no resbalaré (Salmo 62:6). Tú eres «nuestro refugio y fortaleza, nuestro pronto auxilio en las tribulaciones» (Salmo 46:1,

LBLA). Este es el día que tú has hecho, y «nos gozaremos y alegraremos en él» (Salmo 118:24).

Te lo pido en el nombre de Jesús.

Bendito sea el SEÑOR, mi roca,
que adiestra mis manos para la guerra, y mis
dedos para la batalla. Misericordia mía y
fortaleza mía, mi baluarte y mi libertador,
escudo mío en quien me he refugiado, el
que sujeta a mi pueblo debajo de mí.

SALMO 144:1-2, LBLA

18. Oración por paz en las relaciones

SEÑOR, elevo a ti mis relaciones importantes. Te pido que las bendigas con tu paz y tu amor. Si una relación que tengo no te glorifica, te pido que me lo muestres con claridad. Te ruego por la relación con mis familiares y amigos. De manera específica, te suplico por mis relaciones con (nombre del familiar o amigo que más te preocupa). Ayúdanos a que no busquemos nuestros «propios intereses sino los del prójimo» (1 Corintios 10:24, NVI®). Ayúdanos a ser «afectuosos unos con otros con amor fraternal; con honra, dándose preferencia unos a otros» (Romanos 12:10, NBLH). Ayúdame a ser perdonador siempre y a poder mostrarles tu amor a los demás. Te pido que el enemigo no pueda poner enemistad entre nosotros por nuestro propio egoísmo.

Te pido por los matrimonios que conozco y que el enemigo está tratando de destruir. En especial, te pido por (nombre de alguna pareja casada). Ayúdalos a entender en verdad cómo poner primero las necesidades del otro. Te pido que se rompan entre ellos todo el egoísmo y todas las actitudes malas de orgullo y falta de amor. Ayúdalos a tratar al otro con amor y respeto. Permíteles reconocer cuando el enemigo ponga enemistad entre ellos. Permíteles frustrar el plan del enemigo para destruirlos al practicar tu Palabra en sus vidas. Permíteles permanecer firmes al resistir al enemigo, sometiéndose a ti por completo. Ayúdalos a edificarse y a no derribarse.

Cambia a cada uno para que llegue a ser más semejante a ti, y no permitas que se aferren de manera egoísta a lo que quieren cuando lo quieren. Enséñales a ponerse la armadura de Dios todos los días sin falta y a orar por el otro en lugar de criticarse. Ayúdalos a plantar semillas de amor y respeto en el matrimonio para que crezcan y sean algo grande. Ayúdalos a sacar las semillas de falta de perdón, amargura, ira, infidelidad y separación. Te pido que no haya divorcio en su futuro. Ayúdalos a estar unidos en la fe y la confianza mutua.

Protege su matrimonio de cualquier mentira del enemigo. Ayúdalos a dedicarse tiempo entre sí y a orar juntos para que el enemigo no gane terreno entre ellos. Ayúdalos a que tengan «el mismo sentir unos con otros» (Romanos 12:16, LBLA).

Te lo pido en el nombre de Jesús.

> *Desechen todo lo que sea amargura,*
> *enojo, ira, gritería, calumnias, y todo tipo*
> *de maldad. En vez de eso, sean bondadosos y*
> *misericordiosos, y perdónense unos a otros,*
> *así como también Dios los perdonó*
> *a ustedes en Cristo.*
>
> EFESIOS 4:31-32, RVC

19. Oración por liberación y libertad

Señor, sé que el enemigo quiere que todos vivamos en condenación, pero tú nos liberas de nuestros pecados y de sus consecuencias si los confesamos ante ti. En concreto, te confieso (nombre de cualquier pecado que quieras confesar ante Dios). Gracias porque si te confieso mis pecados, tú eres fiel y justo para perdonar mi pecado y limpiarme de toda maldad (1 Juan 1:9). «Dios, tú conoces mi insensatez, y mis pecados no te son ocultos» (Salmo 69:5). Líbrame de mis pecados, porque «como pesada carga, pesan mucho para mí» (Salmo 38:4, NBLH). Me niego a permitir que el enemigo de mi alma me lance la culpa a mi cara. Tu sangre en la cruz, Jesús, pagó el precio de mis pecados.

Señor, sé que cualquier clase de pecado en mi vida debilitará mis oraciones. Por eso es que te pido que reveles cualquier cosa de la que tenga que arrepentirme para ser libre. Entiendo que el enemigo de mi alma siempre usará mis pecados en mi contra, porque el pecado sin confesar interferirá en mi intimidad contigo. Y eso me debilitará en todo sentido. Revélame cualquier lugar en mi vida en el que no haya pensado, hablado o actuado según tu estándar para mi vida. (Confiesa cualquier cosa que el Señor te revele o que sepas que has hecho). «Jehová, ten misericordia de mí; sana mi alma, porque contra ti he pecado» (Salmo 41:4). Perdóname y líbrame de ellos. «Te manifesté mi pecado, y no encubrí mi iniquidad. Dije: Confesaré mis transgresiones al Señor; y tú perdonaste la culpa de mi pecado» (Salmo 32:5, LBLA).

Señor, sé que somos «llamados a la libertad» (Gálatas 5:13, RVC). Ayúdanos a mantenernos «firmes en la libertad con que Cristo nos hizo libres» y a no someternos «otra vez al yugo de la esclavitud» (Gálatas 5:1, RVC). Te pido en específico por (nombre de la persona que necesita liberación o libertad). Libérala de (nombre de lo que esta persona necesita liberarse ahora mismo). Libérala de esto. Gracias porque tu liberación siempre es completa. Gracias porque «nueva criatura es; las cosas viejas pasaron; he aquí todas son hechas nuevas» (2 Corintios 5:17).

Ayúdala a vivir en esa libertad y a que el enemigo no la engañe otra vez.

Te lo pido en el nombre de Jesús.

> *Si el Hijo los hace libres, ustedes*
> *son verdaderamente libres.*
>
> JUAN 8:36, NTV

20. Oración por las situaciones serias del mundo

SEÑOR, cada día algo serio o espantoso sucede en alguna parte del mundo, y muy a menudo en mi país. Es abrumador pensar en esto, así como orar al respecto. Además, hay *tantas* preocupaciones que muchas veces ni siquiera sé por dónde comenzar. Aun así, sé que quieres que ore por personas y situaciones que están en tu corazón así como en el mío, como tu guerrero de oración. Te pido que me muestres cada día las cosas por las que quieres que ore. A medida que te escuche, y que también me entere de cosas que ocurren en las noticias, oraré mientras tú me guías.

Lo que más me preocupa ahora en *mi comunidad* es (menciona la situación y lo que quieres que Dios haga en cuanto a esto). Señor, te ruego por otras situaciones *en mi país* que son perturbadoras. Lo que más me preocupa es (menciona la situación y lo que quisieras que haga Dios). Señor, te pido por las cosas que ocurren en *el mundo* y que son penosas. Te pido por (menciona la situación y lo que te gustaría que Dios haga al respecto). Dame tu paz en cuanto a estas cosas.

Señor, te pido que tu paz reine en la tierra hasta el tiempo que has declarado que las naciones se alzarán contra naciones. Sé que el tiempo se acorta, por lo que te pido que la gente te busque y sea salva en todo el mundo. Te pido que sepan que solo tú eres Dios y que no hay otro. Te ruego que tu nombre sea grande «entre las naciones» porque tú derramarás tu Espíritu en todos (Malaquías 1:11). Te pido de manera específica por (menciona el área del mundo que más te preocupa ahora mismo y lo que quieres ver que Dios haga allí). Te ruego que derrames tu Espíritu en las personas de esa región y que les reveles tu verdad. Tu Palabra dice que «el Señor anula los planes de las naciones; frustra las maquinaciones de los pueblos» (Salmo 33:10, RVC). Anula todos los planes del enemigo para destruir a tu pueblo. Te pido en concreto por la gente que odia a tu pueblo. En especial, te ruego que destruyas los planes (menciona los pueblos que despiden odio y apoyan el asesinato de inocentes). Saca a la luz las maquinaciones de esta gente antes de que pueda llevar a cabo sus planes malévolos.

Veo que nada malo en este mundo puede corregirse sin ti. Ningún conflicto se puede resolver, ni se puede establecer jamás un lugar de seguridad sin ti. Tú eres la solución para cada problema. Solo tu amor y tu paz pueden responder siempre a nuestra necesidad desesperada. Ven, Señor Jesús, líbranos del mal, haz que tu rostro brille en nosotros y danos paz.

Te lo pido en el nombre de Jesús.

> *Te alabaré, Señor, entre los pueblos, te cantaré salmos entre las naciones. Pues tu amor es tan grande que llega a los cielos; ¡tu verdad llega hasta el firmamento! ¡Tú, oh Dios, estás sobre los cielos; tu gloria cubre toda la tierra!*
>
> Salmo 57:9-11, nvi®